반려견 긍정교육 특강

반려견 긍정교육 특강

반려동물 행동지도사의 가장 윤리적인 훈련 바이블

스티브 만, 마틴 로치 지음 | 이희경 옮김

동글디자인

🐾

지나, 루크, 그리고 구조된 개를 훈련하는 모든 이에게

🐾

차례

🐾 저자 소개   8
🐾 들어가며   11

1장   나의 훈련 철학   19
2장   강아지를 데려오신다고요?   31
3장   강아지가 여러분에게 알려 주고 싶어 할 20과 2분의 1가지   51
4장   배변 훈련   57
5장   반려견의 보디랭귀지   71
6장   앉기   85
7장   입질 교육   99
8장   사회화   113

9장	강아지 공원 에티켓	131
10장	함께 놀이하기	143
11장	달려들기	153
12장	이름에 반사적으로 반응하기	167
13장	아이 콘택트	175
14장	루즈 리드 워킹	185
15장	리콜	197
16장	노즈 타깃	207
17장	'저리 가' 관련 문제	213
18장	배낭 산책	225
19장	반려견 유치원, 그룹수업, 동물병원	243

🐾 그럼 이만, 행운을 빕니다. 248

🐾 감사의 말 249

저자 소개

스티브 만Steve Mann은 지난 30년간 전문적인 반려견 훈련사로 일하며 다양한 환경에서 10만 마리 이상의 개들을 훈련시켰다. 보안 및 탐지 분야, TV와 영화 산업 분야에서 활약했으며, 고등교육기관에서 동물 행동학 및 축산학 강의를 했다. 세계적인 스포츠 스타 및 유명 연예인과 함께 훈련을 진행하기도 했다. BBC의 '언더독 쇼The Underdog Show'에 출연해 우승하는 등 반려견 행동 전문가로서 여러 방송에 출연했다.

전 세계 훈련사와 동물 행동 전문가들을 이끄는 단체인 현대 반려견 훈련 협회Institute of Modern Dog Trainers의 창립자다. 윤리적이고 과학에 근거한 반려견 훈련 발전을 위해 남다른 열정을 가지고 유럽, 남아메리카, 아프리카, 중동 등지에서 현대적이고 긍정적인 훈련법을 선도하고 있다. 그의 접근법은 반려견 훈련에 대한 기존의 근거 없는 통념이나 소문과는 대조적으로 타당한 행동 연구를 기반으로 하고 있다. 스티브는 또한 구조된 개들의 대변자이자 지지자이기도 하다. 그는 "우리가 강아지들을 '올바르게' 훈련하고 사회에서 반려견과 함께 '더불어' 사는 법을 교육한다면, 유기견 보호센터에 개가 없기를 바라는 나의 꿈은 현실이 될 것이다."라고 말한다. 스티브는 아내 지나, 아들 루크, 그리고 일곱 마리(일곱 마리 맞습니다!)의 개 낸시(치와와 믹스), 파블로(스태퍼드셔 불테리어), 애쉬(저먼 셰퍼드), 펠레(그레이하운드), 스파이더(휘핏), 서머(러처), 카를로스 판당고스 오브 더 웨스트(말리노이즈)와 함께 영국 잉글랜드의 하트퍼드셔에 살고 있다.

퀵 가이드

시간이 없어서 강아지 훈련을 최대한 간단하게 배우고 싶다면...
55페이지로 건너뛰세요.

들어가며

사람들은 저를 '강아지밖에 모르는 바보'라고 부르곤 했습니다. 저는 1970~80년대에 영국 잉글랜드 에식스의 월섬 애비에서 어린 시절을 보냈습니다. 길거리에는 언제나 개 두어 마리가 나와서 아이들과 놀고 있었고, 전 개들을 정말 좋아했어요. 그 시절에는 개들이 밖으로 나와서 그냥 마음대로 다녔습니다. 그런데 우리 집에는 개가 없었지요. 엄마께서 "토끼는 어때, 스티븐?" 하면서 저를 꼬드겼고, 그러면 저는 "아니 엄마, 그건 개가 아니잖아요."라고 대답하곤 했어요. 개를 키운다는 건 자라나는 아이들에게는 아주 좋은 일이지만, 일하느라 바빴던 부모님으로서는 여의찮았던 겁니다. 그래서 당연히 우리는 개를 키우지 못했지요.

우리 가족은 모두 아일랜드인이라서 여름 휴가철이면 아일랜드에 놀러 가곤 했는데, 거기선 모든 사람이 개를 키우는 게 당연해 보였습니다. 설레는 마음으로 아일랜드에 가서 도착하자마자 수많은 개와 더불어 지냈던 여름휴가 때의 그 마법 같은 기분이 여전히 생생하게 느껴집니다. 그러다 집에 돌아왔을 때 개를 키우지 못한다는 점이 더욱 아쉽게 느껴졌다는 것도 말이죠. 개를 키울 수 없으니 훨씬 더 애틋하게 느껴져서 집착은 점점 커져만 갔어요. 그래서 저는 집 근처 길거리에 돌아다니는 개들과 놀면서 마음을 달랬습니다. 순식간에 개에게 빠져들었지요.

그러던 어느 날, 근처에 반려견 훈련 수업이 있다는 것을 알게 되어가 보았습니다. 저는 주로 개를 관찰하면서 뒤쪽에 앉아 훈련사와 보호자들을 지켜봤어요. 얼마 지나지 않아 저는 이웃의 개를 훈련 수업에 데려가기 시작했습니다. 어떨 때는 길거리의 개를 데리고 수업에 가기도 했지요. 데려갈 개가 없을 때는 혼자라도 갔습니다. '강아지밖에 모르는 바보'는 뒤쪽에 우두커니 앉아 있었지요.

얼마 후부터는 수업이 끝나면 정리 정돈을 하면서 훈련사들을 돕기 시작했고, 이내 수업을 시작할 때 세팅하는 것도 돕게 되었습니다. 차를 끓이고, 점프대를 설치하고, 장난감을 꺼내놓았지요. 그러다 다른 반려견 학교에 가서 같은 일을 하고, 또 다른 학교에 가서도 일을 하게 되었습니다. 개 훈련이 그저 너무 좋았습니다.

그러다 보니 훈련사들이 수업 진행까지 저에게 도와 달라고 하기 시작했습니다. 일부 개들을 안심시켜 준다거나 하는 일이었습니다. 이런 식으로 교류하던 몇몇 훈련사들이 개 훈련 방법을 저에게 알려주었지요. 그때 당시 일반적인 원리는 다음과 같았습니다. '개가 좋은 행동을 하면 머리를 쓰다듬어 주고 잘 대해준다. 개가 나쁜 행동을 하면 똑같이 나쁘게 대한다.' 즉, 개가 문제행동을 하면 리드줄을 잡아당기거나, 소리를 지르거나, 심하게는 물을 뿌리기도 한다는 뜻이었죠. 어떤 훈련사와 보호자는 개를 때리기도 했습니다.

그때부터 저는 심각해졌습니다. 당시 저는 열두 살, 열세 살 정도밖에 되지 않았지만, 그런 훈련이 몹시 불편하게 느껴졌습니다. 좋게 말하면 엄격이고, 최악의 경우 매우 가혹해질 수 있는 구식 훈련법이었어요. 강압적이고, 육체적 고통을 수반한 훈련이었지요. 그런 식의 체벌이 광범위하게 사용되었습니다. 이제까지 그렇게 해 왔다고 해도 저는 그게 옳다고 생각하지 않았어요. 이런 훈련법은 개를 처벌하는 것, 즉 교정만을 강조했고 개의 어떤 행동을 멈추게 하는 방법에만 초점이 맞춰져 있었습니다. 저는 몸을 이리저리 뒤척이고 불편하게 앉아 지켜보면서 생각했습니다. '나쁜 점'만 찾기보다는 우리가 원하는 것에만 집중하면 어떨까 하고요. 더 많이 보고 배울수록 이 방법은 좋지 않다는 생각이 들었습니다.

이해하거나 동의할 수 없는 부분이 너무 많아서 밤잠까지 설치곤 했습니다. 무의식적으로 저는 개들의 보디랭귀지를 읽기 시작했고(이런 수업에서 보디랭귀지는 언급된 적도 없었죠), 개들이 어떻게 감정을 표현하는지, 보호자와의 관계는 어떤지를 파악하기 시작했습니다. 그러자 엄격한 수업의 이면에 있는 것들이 보이기 시작했지요. 바로 개가 아무도 눈치채지 못하게 스트레스를 받고 있다는 것, 벌을 받을까 봐 겁을 먹었다는 것, 보호자가 훈육을 위해서 리드줄을 잡아당길 때마다 개는 숨이 막혀 괴로워한다는 것이었습니다. 그리고 결정적으로 보호자도 스트레스를 받는다는 것을 발견했지요.

돌이켜보면 그 방식은 좀 끔찍하기까지 하지만, 그때는 다들 그렇게 했습니다. 모두가 그렇게 하는 것 같았습니다. 그러나 그들은 틀렸어요. 이제는 그들이 틀렸다는 것을 압니다.

그 시기에 저는 참 상반되는 감정들을 느꼈습니다. 제가 보는 광경들 때문에 괴롭기도 했지만, 개를 훈련하는 일을 직업으로 삼게 되었다는 사실에 무척 신이 나기도 했지요. 문제는 그때는 그 일이 직업이 될 수 없었다는 것입니다. 개 훈련 수업은 저녁에 아르바이트생들이 운영하고 있었고, 대부분 군인 출신이거나 군부대에서 일했던 훈련사였지요. 그들이 일부러 개를 가혹하게 다뤘던 것이 아니라 본래 속한 환경이 그랬던 것입니다. 실질적으로 개 훈련 클럽을 운영하는 사람들은 자신이 좋아서 취미로 하는 것이었고, 대부분 선의로 운영했습니다. 자원봉사로 하는 이도 있었고, 자비로 비용을 충당하는 사람도 있었습니다. 하지만 전업으로 개를 훈련하며 생계를 유지하는 사람은 아무도 없었습니다.

그래서 저는 저만의 훈련 방식을 조금씩 만들어 나가기 시작했습니다. 처음에는 길거리나 정원에 있는 이웃의 개들과 일대일로 훈련했지요. 이웃들이 수업에서 저의 열정을 이미 알아봤기에 자연스레 진행된 것이었습니다. 저는 어떻게 개를 훈련할지, 더 중요하게는 어떻게 개를 대할 것인지 저만의 철학을 구상했습니다. 그냥 앉아서 구상한 게 아니라 행동으로 옮겨 보면서 자연스럽다고 느낀 방법들을 택했어요. 굳이 친구를 다치게 하고 싶지는 않았습니다. 점차 사람들이 저에게 와서 조언을 구했고, 개의 특정 문제점에 대한 도움을 요청하기 시작했습니다. 그렇게 일이 점점 커져 나갔지요. 10대 중반에서 후반에 이르기까지 일은 조직적으로 커졌습니다. 처음 시작할 때 거창한 진로 계획이 있었던 것은 아니었습니다. 그저 개와 함께 있는 게 좋았을 뿐이었고, 운 좋게 개들도 저와 함께하고 싶어 했습니다.

우리 집에는 개도 없었지만, 전화기도 없었습니다. (여러분이 '히익!' 하고 놀라는 소리가 들리는 것 같군요!) 그래서 금요일 밤이면 저는 몇 블록을 걸어 내려가 축구 감독님께 전화를 걸어 주말에 어디에서 축구를 하는지 물어봐야 했습니다. 가는 길에 가끔 동네에서 '요키'라는 이름의 제법 큰 교배종 개를 보곤 했습니다. 저는 항상 요키에게 인사하곤 했지요. 요키는 아주 근사한 개였습니다. 그런데 어느 날, 제가 나무울타리 근처에 있는 요키를 보고 인사하러 갔는데…. 요키가 갑자기 저를 덮쳤습니다. 갑자기 달려들어 몸 전체를 여러 군데 깊게 물었지요. 저는 많이 다쳤습니다. 천만다행으로 그때는 공중전화 부스에 문이 달려 있어서 저는 그 안으로 들어갈 수 있었어요. 그래서 개가 진정하고 사라질 때까지 기다렸다가 집으로 돌아갈 수 있었습니다. 그리고 바로 병원으로 실려 갔어요. 안 좋은 사고였습니다.

얼마 지나지 않아 저는 요키가 안락사되었다는 사실을 알고 엄청난 충격에 빠졌습니다. 너무나 끔찍한 기분에 사로잡혔지요. 그동안 요키와 수백 번을 만나면서 잘 놀고 잘 지냈었는데, 그날은 왜 요키가 저를 공격했는지 알 수가 없었습니다. 전문 반려견 훈련사가 된 지금은 요키가 '리소스 가딩resource guarding'을 했었다는 것을 압니다. 그때 요키는 울타리 근처에 떨어져 있는 샌드위치를 발견했고, 제가 그 먹이를 앗아가려는 위협적인 존재라고 인식해 생존 본능에 따라 먹이를 지키려고 한 것입니다. 지금이야 이해할 수 있지만 그때의 저는 아무것도 몰랐지요. 그래서 저는 개들이 무슨 연유로 그런 행동을 하는지, 언제 어떻게 개입해서 조치를 취해야 그런 사고가 다시는 생기지 않는지 알아내야겠다고 결심했습니다.

그 일이 있고 나서도 개에 대한 집착은 점점 더 커졌습니다. 엄마가 말씀하시는 '제대로 된 직업'도 몇 번 가져 봤지만, 틈만 나면 항상 개를 훈련했지요. 그렇게 21살이 되었을 즈음에는 경험이 꽤 쌓이게 되었습니다. 그때 저는 이 길이 아니면 안 된다고 확신했고, 반려견 훈련사가 되기로 결심했습니다. 제가 '강아지밖에 모르는 바보'였다는 걸 기억하시겠지요? 반려견 훈련사가 되기로 결심한 건 '평범한' 사람이 우주 비행사, 가수, 슈퍼 영웅이 되겠다고 결심하는 거나 마찬가지였습니다.

그 후 저는 수업을 몇 개 개설했고, 꽤 능숙하게 운영할 수 있었습니다. 이후에도 저는 몇 개의 수업을 추가로 개설하게 되면서 운 좋게도 어느새 사업이 번창하게 되었습니다. 꽤 빠르게 성장해서 얼마 지나지 않아 강아지뿐만 아니라 구조센터, 경비견, 탐지견 교육까지 도와 달라는 요청이 들어오게 되었습니다. 그리고 평생교육원에서 '동물의 행동과 동물 사육'에 대한 강의를 하면서 국내외 동물 학대 문제에 도움을 주기도 했습니다. 단순히 강아지들에게 뭔가를 하는 방법을 하나부터 열까지 가르치는 것에서 나아가 보호자들이 강아지의 관점에서 훈련을 이해할 수 있도록 가르치고 싶었습니다. 그래서 동물 행동과학과 학습 이론을 공부하고, 반려견의 전체 심리를 훨씬 더 깊이 파고들게 되었습니다.

제가 운영하는 반려견 훈련 기관인 IMDT^{Institute of Modern Dog Trainers}는 정식 인가되고 등록된 학습센터이며, 반려견 훈련사 및 행동 전문가를 위한 교육과 지원을 제공하고 있습니다. 매년 4,000명 이상의 수강생이 교육과정과 세미나에 참석하고 있지요. 우리는 전 세계에서 반려견의 행동에 대해 강의하고 있습니다. 또한 공인 훈련사와 행동가로 구성된 글로벌 단체를 조직해서 긍정적이고 윤리적이며 과학에 기반한 반려견 훈련을 대중에게 알리기 위해 '선한 싸움'을 해 나가고 있습니다. 이렇게 해서 큰 규모를 갖춘 세계적으로 성공한 기관이 된 것입니다.

지역의 개들과 길거리를 누비는 것으로 시작했던 저는, 지금에 이르러 수만 마리의 강아지들을 훈련하게 되었습니다. 그 과정에서 강아지에 대한 저만의 고유한 접근 방식을 발전시켰고, 이 책에서 그것을 여러분에게 알려 주려고 합니다. 제 지식이 조금이라도 여러분에게 도움이 되어 새로운 가족과 함께하는 여정에 도움이 되었으면 합니다(단언컨대 강아지는 새로운 가족입니다). 당신의 훌륭한 강아지를 어떻게 훈련해야 하는지 가르쳐 주는 것도 물론 중요하지만, 저는 이 책을 통해 앞으로 수년간 강아지와 함께 쭉 만족스러운 생활을 하면서 서로에게 보상이 되는 관계를 만드는 방법을 알려 주고 싶습니다.

제가 크게 아는 건 없지만 말입니다. 전 그냥 강아지밖에 모르는 바보일 뿐이지요!

01
나의 훈련 철학

제 훈련 철학에 관해 얘기해 보겠습니다. 저는 언제나 강아지의 관점에서 삶을 바라보는 것 같습니다. 제가 여러분의 강아지라고 한다면 어떤 식으로 훈련받고 싶을까요? 일단 안전했으면 좋겠고, 소중히 여겨지고 싶고, 사랑받는다고 느끼고 싶을 겁니다. 보호자를 바라볼 때 그저 흐뭇했으면 좋겠어요.

앞에서 말씀드렸듯이 저는 반려견 훈련을 취미로 생각해 본 적이 없습니다. 이 일에 쉼 없이 몰두해 왔지요. 저는 모든 보호자가 강아지들에게 꼭 긍정적 강화 교육positive training을 해서 사람과 더불어 안전하고 행복하게 사는 방법을 알려 줘야 한다고 생각합니다. 훈련은 화려한 묘기를 부려서 친구들에게서 감탄을 사려고 하는 게 아니라 모두의 삶의 질이 나아질 수 있도록 하는 것입니다. 반려견을 가족으로 들인다는 것은 영광스러운 일입니다. 긍정적 교육을 하는 것도 무척이나 훌륭한 일이죠. 강아지는 가족 구성원이자 엄청난 투자 대상입니다. 금전적인 투자 말고 정서적인 투자 말입니다. 강아지는 여러분이 입는 옷, 운전하는 자동차, 다음에 이사 갈 집, 휴가, 가구 등을 좌우합니다. 여러분의 삶에 아주 커다란 영향을 미치지요.

여러분이 강아지에게 어떤 행동을 훈련 시키고 싶을 때, 강아지가 열의를 잃지 않으면서 제대로 배울 수 있도록 잘 가르치는 방법을 알려 드리겠습니다. 물어뜯기나 씹기처럼 우리가 꺼리는 건방진 행동에 대해서 겁을 주지 않고도 강아지를 올바르게 이끄는 방법을 알려 드릴 겁니다. 이 방법을 배우면 강아지가 여러분을 좌지우지하려 든다며 공원에서 어설픈 조언을 하는 사이비 전문가의 말에 귀를 기울일 필요도 없을 겁니다. 저는 기본적으로 윤리적이며 과학에 기반한 훈련을 강조하고 있어요. 단, 그러려면 우선 우리가 상자 속에 든 쥐나 실험실의 쥐를 훈련하는 것이 아니라는 점을 잘 알고 있어야 하겠죠. 반려견 훈련은 반려견과의 관계를 중심으로 서로 공감하면서 친밀하게 진행해야 합니다. 이때 반려견이 어떻게 느끼는지가 가장 중요합니다.

강아지가 보호자의 요청을 따르지 않는 이유는 단 두 가지입니다.

1. 보호자의 요구 사항을 이해하지 못함
2. 그것을 수행할 만한 동기가 별로 없음

늑대무리, 우두머리, 폭력성 같은 것과는 아무 상관이 없는 아주 간단한 문제입니다. '이 품종은 고집이 세다던데'와 같은 어리석은 편견에 빠지지 마세요. 고집 센 강아지는 없습니다. 이는 인간의 자존심과 이기심에서 비롯된 어리석은 개념입니다. 설마 강아지가 '네가 원하는 게 뭔지도 알고, 그걸 하면 얻을 수 있는 보상에도 관심은 있지만…. 그냥 안 할래!'라는 식으로 생각할까요? 절대 그렇지 않습니다.

좋은 소식을 알려 드릴까요? 바로 저의 훈련 철학에 따라서 여러분이 가르치게 될 모든 것이 행동과학에 뿌리를 두고 있다는 점입니다. 쓸데없는 '에너지'를 소환할 필요도, 어설픈 서열 이론을 들먹일 필요도 없습니다. 우리는 반려견 훈련 시간을 즐기면서 증거에 기반한 학습 이론을 적용할 수 있습니다. 바닥에서 강아지들과 뒹굴고 노는 동시에 훈련까지 착착 해낼 수 있는 거죠.

그리고 여러분의 강아지는 여러분이 책임져야 한다는 사실을 절대 잊어서는 안 됩니다.

여기서 마지막으로 강조하고 싶은 것은 타이밍입니다. 가끔 이런 질문을 받습니다. 하루에 몇 번, 일주일에 몇 번씩, 얼마 동안 훈련해야 하냐고 말입니다. 제가 드릴 대답은 두 가지입니다. 보호자와 강아지가 일대일로 구체적인 무언가를 연습하는 거라면 조금씩 자주 하는 게 좋습니다. 지쳐서 나가떨어지는 것보다는 여기서 몇 분, 저기서 몇 분 같은 식으로 하는 게 훨씬 낫지요. 하지만 당신의 반려견은 이것 말고도 여전히 뭔가를 하루에 수백 분씩 배워 나가는 중이라는 사실을 잊지 마세요. 여기저기서 몇 분씩 하는 게 아주 건설적이기는 하지만, 강아지의 하루가 새로이 펼쳐질 때마다 훈련할 기회는 너무나 많으니까요.

벌주기에 대해서

금붕어가 헤엄치거나 햄스터가 바퀴를 굴릴 때는 아무도 놀라거나 이를 막지 않습니다. 토끼가 뭔가를 씹어 먹거나 조랑말이 마구간에 똥을 싸는 것을 보고 그걸 못하게 하는 방법을 급하게 인터넷으로 검색하는 사람은 아무도 없을 겁니다. 정상적인 부모라면 아기가 입으로 장난감을 탐색하거나 기저귀를 너무 많이 쓴다고 싸우려 들지는 않겠지요.

우리는 강아지가 어떤 동물인지, 강아지가 어떤 행동을 하는지 잘 알고 있습니다. 그건 비밀이 아니죠. 우리는 수만 년 동안 강아지와 함께 해 왔으니까요. 만약 오리처럼 걷는 것, 오리처럼 생긴 것, 오리 소리를 내는 것, 건강한 오리가 하는 모든 자연스러운 행동이 다 싫다면 오리를 키우면 안 되겠죠!

강아지도 마찬가지입니다. 강아지는 오줌을 눕니다. 신날 때면 목소리를 내고 외로우면 울지요. 통증을 줄이고 싶을 때는 뭔가를 씹고, 아무 할 일이 없어도 뭔가를 씹습니다. 새로운 사람들을 만나서 반기는 걸 너무 좋아하는 나머지, 누군가를 만나고 인사하는 게 이들에게는 세상에서 가장 중요해 보일 때도 있답니다! 놀랍도록 사교적인 존재지요.

강아지는 자라서 개가 됩니다. 커서도 소통하고, 냄새 맡고, 핥고, 씹는 것에 대한 사랑은 절대로 수그러들지 않습니다. 그래서도 안 되고요. 결국 그것이 개를 특별하게 만드는 거니까요. 파도에 맞서 싸우기보다는 파도와 함께 헤엄쳐야 합니다. 강아지에게 '안 돼'라고 말하는 대신 강아지가 다음과 같은 것들을 알 수 있도록 잘 이끌어 줘야 합니다.

- 무엇을 씹어도 되는지
- 어떻게 인사하는지
- 어디에 오줌을 눠야 하는지
- 언제 흥분해도 괜찮은지

우리의 역할은 우리가 원하는 것을 가르치는 것이지, 원하지 않는 행동을 했다고 벌을 주는 어둠의 늪으로 빠져드는 것이 아닙니다. 벌을 주면 어떨 때 잠깐은, 특정 상황에서는 효과가 있을 수도 있습니다. 하지만 그런 방법은 가혹하기도 하고, 계속 사용하면 효력이 약해질뿐더러 반려견과의 관계도 나빠집니다.

예를 하나 들어보겠습니다. 몇 년 전에 저는 오전 8시에 시속 64킬로미터 구역에서 시속 77킬로미터로 달리다가 과속 단속을 하던 경찰관에게 걸린 적이 있었어요. 루이스 해밀턴^{Lewis Carl Davidson Hamilton}(F1 카레이서)이 울고 가겠지요? 며칠 후 저는 우편으로 두 가지 처벌 중 하나를 고르라는 안내문을 받게 되었습니다. 90파운드의 벌금을 내고 벌점을 받을지, 아니면 3시간의 속도 인식 교육에 참석할지 고르라는 것이었죠. 저는 두 번째를 선택했는데 그건 스스로 제 발등을 찍은 셈이 되었습니다. 저처럼 어쩔 수 없이 거기에 앉아 삐딱한 학생으로 퇴행한 채 의자를 까딱거리는 20명의 다른 사람들과 함께 3시간 동안 방안에 갇혀 있는 것까지는 괜찮았습니다. 사실 처벌의 효과가 나름 있긴 했죠.

　미국의 심리학자이자 행동주의자인 B.F 스키너^{B.F. Skinner}는 처벌의 특성에 대해 말한 바 있습니다. 처벌이 '당사자'의 특정 행동에 관한 결과로 오는 것일 때 그 특정 행동이 미래에 나타날 가능성을 낮추는 것이라고 말입니다. 바로 그거였습니다. 그 후 저는 일주일 정도는 과속하지 않으려고 속도계를 주시했었습니다.

　그러다가 어떻게 되었는지 아세요? 점점 흐지부지되어 버린 것입니다. 처벌의 효과가 흐려진 것이죠. 물론 처음에 과속으로 걸렸던 오전 8시라는 특정 시간, 특정 장소에서 운전할 때면 정신을 바짝 차리긴 했습니다. 교통경찰을 조심하는 습관도 생겼습니다. 경찰이 보이면 속도를 줄이고, 안 보이면 가던 대로 갔지요. 처벌을 특정한 상황, 특정한 장소, 그리고 경찰이라는 특정한 사람과만 연관 지었던 것입니다. 그런 특정한 상황, 장소, 사람만 아니면 '안전'하다는 걸 배운 셈이죠. 결국 처벌은 경찰을 발견했을 때 본능적으로 두려워하게 된 것 외에는 저에게 아무런 영향도 미치지 못했습니다.

　어느 날 아침에 우유 배달원에게 달려들었다가 결국 '벌'을 받게 된 강아지를 상상해 보세요. 그 사건에서 강아지가 무엇을 '배우게' 될까요?

1. 깨달은 교훈: 사람들이 문 앞에 오면 안 좋은 일이 생긴다.

    뒤따른 결과: 방문자가 문에 다가오면 '짖는다.'

2. 깨달은 교훈: 성인 남성이 접근해 오면 안 좋은 일이 생긴다.

    뒤따른 결과: 성인 남성을 조심한다.

3. 깨달은 교훈: 엄마나 아빠가 있을 때 덤벼들면 안 좋은 일이 생긴다.

    뒤따른 결과: 엄마나 아빠가 없으면 사람들에게 덤벼들어도 된다.

그러니까 혹독한 벌을 내리는 것을 교육의 수단으로써 사용하는 데 집중하다 보면 강아지가 잘못했을 때만 그 벌이 통하게 된다는 말입니다. 만일 강아지가 좋은 행동을 할 때마다 보상을 주는 것에 초점을 맞췄다면 얼마나 좋은 일이 많았을지 상상해 보세요! 강아지들도 우리와 같은 방식으로 배웁니다. 특정 행동을 특정한 방식으로 했더니 좋아하는 결과물, 더 하고 싶어지는 결과물이 뒤따라 온다면 우리는 그런 행동을 자발적으로 더 하려고 할 것입니다. 이 책은 주로 강아지가 바람직한 행동을 했을 때 긍정적 강화(즉, 강아지가 좋아하는 것을 주는 것)를 제공하는 것에 대해 다루고 있습니다.

이 책을 쓰기 위해 자료 조사를 하며 수많은 글과 영상을 참고했는데, '강아지 벌주는 법'과 같은 제목을 달고 있는 것이 많았습니다. '당신의 리더십과 인내심을 시험하는 노견을 벌주는 법'과 같은 제목은 없었습니다. 늙은 개에게 소리를 지르고, 찌르고, 툭툭 치고, 발로 차거나 때리는 게 잘못됐다고 생각한다면 어린 강아지에게 그렇게 하는 것도 마찬가지로 잘못된 것입니다.

여전히 많은 훈련사와 훈련소가 '이제껏 이렇게 해 왔으니, 앞으로도 이렇게 하겠다'라는 태도를 보이고 있습니다. 그러면 어떤 발전도 없겠지요. 하지만 이 환상적인 동물에 대한 과학적 발견은 계속되고 있고, 그에 따른 이해도 깊어지고 있습니다. 제가 하는 훈련도 끊임없이 개선되고 있습니다. 그래야 계속해서 흥미를 유지하면서 이 일을 할 수 있으니까요. 따라서 그런 식으로 개를 벌주는 것은 용납할 수 없는 일입니다.

'크러프츠 도그쇼Crufts Dog Show'에서 우승해 본 적 없는 에이브러햄 링컨Abraham Lincoln도 다음과 같이 말했습니다. "지식이 끝나는 곳에서 폭력이 시작된다." 개 훈련과 관련해 말하자면 정말로 그렇습니다. 처벌이 효과가 없다고 말하는 사람도 있겠지만, 사실 처벌은 절대적으로 효과가 있습니다. 처벌은 효과가 있는 대신 커다란 대가를 치러야만 합니다. 동기부여를 잃고, 신뢰를 잃고, 관계를 잃습니다. 처벌이 효과가 있을 때가 있다 하더라도 그럴만한 가치가 있을까요? 결국 강아지가 당신을 신뢰하지 않거나 당신에게 가까이 다가가기를 꺼리게 된다면 어떨까요? 과연 그게 좋은 거라고 할 수 있을까요?

다시 과속 얘기로 돌아와 보겠습니다. 영리한 네덜란드 사람들은 어떻게 이 문제에 접근하고 있을까요? 과속 단속 카메라를 설치해서 제한속도 이하로 운전하는 차량이 지나가면 지역사회 기금이 실제로 늘어날 수 있도록 했습니다. 얼마나 멋져요! 운전자들은 올바른 행동을 위해 긍정적인 자극을 받아들였고, 바람직하지 않은 행동은 줄어들었습니다. 운전자들은 카메라의 존재를 좋아하게 되었고, 갈등도 없습니다. 처벌만으로는 절대 해결할 수 없었던 문제를 아주 아름답고 현명하게 해결한 거죠(그나저나 제가 과속했다는 건 순전히 여러분이 이해하기 쉽도록 설명하기 위한 얘기입니다. 저는 양손을 10시 방향과 2시 방향으로 각각 놓고 거울과 신호, 위험 표지판을 신중하게 잘 살피는 모범운전자랍니다).

'그렇긴 한데….'라는 소리가 들리는 것 같군요. 강아지가 바람직하지 않은 행동을 할 땐 어떻게 해야 할까요? 그때는 벌을 줘도 될까요?

계속 읽어보세요.

통제와 관리는 여러분의 절친입니다!

Q: 어떻게 하면 강아지가 자전거 타는 사람을 쫓아가지 못하도록 할 수 있을까요?
A: 강아지가 자전거를 못 타게 하면 됩니다.

어떨 때는 생각보다 상식 밖의 일이 많이 일어나지만, 강아지를 키우는 데는 상식적일수록 강아지와 보호자 모두가 더 행복하고 안전할 수 있습니다. 저는 훈련사로서 강아지가 탁자에 놓여 있는 음식을 슬쩍하는 걸 막는 아주 멋들어진 솔루션을 진행하면서도 턱을 긁고 있거나 생각에 잠겨 입술을 비틀 때가 있습니다. 레버, 도르래, 거울로 구성된 정교한 시스템을 처음 설계한 저조차도 탁자에 음식을 그대로 둔 채 자리를 비우지 않는 것이 가장 간단하면서도 최선인 해결책이라는 것을 인정할 수밖에 없습니다.

"단순함이 궁극의 정교함이다." 천재 레오나르도 다빈치^{Leonardo Da Vinci}도 이렇게 말했죠. 게다가 이제껏 지역 민방위대의 코카푸(코커 스패니

얼과 푸들의 교배종)가 샌드위치를 가로챘다는 애기는 들어본 적이 없습니다.

앞으로 이 책에서는 강아지가 씹기, 물어뜯기 같은 바람직하지 않은 행동을 할 때 훈련하는 방법을 알아볼 것입니다. 또한 리드줄을 매고 여유롭고 멋지게 걷기, 부르면 재빨리 달려오기와 같은 여러 바람직한 행동을 장려하는 방법도 안내합니다. '상호 배타적 행동'과 '긍정적 강화'와 같은 훌륭한 훈련 기법에 대해서도 배우게 되겠지만, 바로 실천에 옮길 수 있는 가장 효과적인 도구는 '통제와 관리 Control and Management'라고 할 수 있겠습니다.

강아지가 2층으로 뛰어 올라가서 당신의 침대에 소변을 본다고 해봅시다. 통제와 관리 방식에 따르면 이럴 때는 계단 아래쪽에 울타리를 설치하는 것이 좋습니다. 강아지가 부엌 쓰레기통을 뒤진다면 쓰레기통이 들어 있는 찬장 문에 잠금장치를 설치하고, 신발 끈을 물어뜯는다면 강아지가 접근할 수 없는 곳에 신발을 잘 치워 두면 됩니다(그렇다고 크록스만 신지는 마세요. 그렇게까지 할 필요는 없습니다).

'흠, 하지만 그건 그냥 문제를 피하는 것 아닌가?' 하는 회의적인 생각이 들 수도 있습니다. 그렇죠. 맞습니다. 그런데 문제를 굳이 만들 필요가 있을까요? 뭐 하러 강아지가 바람직하지 않은 행동을 계속하도록 두어야 할까요? 강아지가 '실패'할 상황을 만들어서 벌을 줄 필요가 있을까요?

이런 바람직하지 않은 행동이 더 이상 발생하지 않도록 환경을 잘 통제하는 것이 낫습니다. 그리고 강아지가 스스럼없이 활동할 수 있는 여지를 더 많이 줘야 합니다. 강아지를 키우는 가정에 방문해 두 시간 동안 컨설팅을 진행할 때면, 저는 강아지의 복잡한 문제행동의 실마리를 하나하나 조심스럽게 풀어냅니다. 커튼에 매달리거나 부엌 쓰레기통을 뒤지고 카펫에 오줌을 싸는 강아지 때문에 보호자의 아름다운 집이 망가지지 않도록 통제와 관리에 따른 추천 사항을 가득 담아 간단하고 따라 하기 쉬운 훈련 계획을 고안합니다.

남편들은 (항상 남편들이 묻죠!) 훈련 계획서를 훑어본 다음 고개를 쓱 들고서 "그렇죠. 당연한 상식 아닌가요?"라고 말합니다. 그러면 저는 "네. 상식이지요. 그래서 60만 원 되겠습니다."라고 합니다. 그러고 나서 강아지에게 윙크하고, 아내분과 하이파이브를 한 다음 옆으로 텀블링하며 집을 나서지요!

02
강아지를
데려오신다고요?

질문입니다. 제가 이따가 여러분 집에 들러서 카펫에 오줌을 싸고, 여러분의 코를 깨물고, 수면 부족으로 미치게 만들고, 은행 계좌를 좀 털어도 괜찮을까요? 십 년 정도만 있을게요. 좋다고요? 당장 코트 가져올게요!

완벽한 사람은 아무도 없습니다. 하지만 계획을 세우는 데 실패하는 건 실패할 계획을 세우는 것이나 마찬가지입니다. 그러니 이 책을 딱 펴들고 강아지 양육이라는 롤러코스터에 함께 올라타 보자고요. 꽉 잡으세요!

강아지다! (헉!) 이제 어떡하지?
- 필수 준비물 목록 -

담요	간식
은신처(크레이트나 반려견용 울타리)	배변 봉투
따뜻한 물이 담긴 물병	효소 세제
그릇	목줄
장난감	인식표 목걸이
개껌	편안한 하네스(가슴줄)
음식	리드줄

담요

그냥 낡은 담요 아무거나 준비하는 것이 아닙니다!

부드럽고 편안한 담요를 준비해서 강아지를 실제로 집에 데려오기 몇 주 전에 브리더에게 가져가는 것이 좋습니다. 이 담요를 강아지와 함께 둬서 강아지의 엄마, 한 배에서 태어난 형제들, 강아지가 태어난 집에서 나는 냄새를 흡수하도록 하려는 것입니다. 개는 후각의 영향을 많이 받기 때문에 친숙하고 안전한 냄새를 새로운 집에 옮겨 놓으면 강아지는 훨씬 안전하다고 느끼고 안정감을 얻을 수 있습니다. 특히 처음 며칠간은 불안할 수 있으니 더 그렇겠죠.

여러분이 처음 어머니와 떨어지게 되었을 때를 기억하시나요? 어린이집이나 유치원에 처음 간 날, 아니면 학교에서 처음으로 여행을 가서 하룻밤을 보내고 왔을 때겠죠? 이제 여러분이 엄마와 그렇게 헤어졌는데 다른 종족 몇몇이 나타나서 여러분을 만지려 한다고 상상해 보세요. 여러분을 공중으로 들어 올리고, 여러분에게 자기 이빨을 드러내 보이기도 하고 말이죠. 그러더니 금속으로 된 알 수 없는 타임머신을 타고 무섭고 새로운 냄새, 소리, 광경, 질감으로 가득한 완전 낯선 건물에 도착하는 겁니다. 아마 상당히 불안하겠지요?

그래서 담요를 통해 익숙한 냄새를 최대한 옮겨서 이전 집과 새집을 연결하면 좋다는 것입니다. 담요는 익숙한 옛 환경과 삭막한 새 환경을 조화시키는 데에 매우 유용한 도구입니다. 이는 마치 어린아이가 어린이집에 간 첫날, 곰 인형을 안고 편안함을 느끼는 것과 매우 비슷합니다.

은신처

매우 매우 중요합니다!

은신처를 마련하는 것은 강아지를 안전하게 보호하고, 솔직히 말해 뭔가 찢길 염려를 덜 수도 있는 유용한 방편입니다. 적당한 크기로 만들어진 크레이트 혹은 강아지용 울타리면 됩니다. 강아지 용품점이나 온라인에서 쉽게 구할 수 있습니다.

강아지의 은신처는 이래야 합니다.

- 🐾 강아지가 들어갔을 때 안심이 되는 안전한 공간
- 🐾 강아지용 껌, 편안한 쿠션, 상호작용할 수 있는 장난감, 담요와 같은 좋은 물건들이 있는 곳
- 🐾 지정된 '관찰자'(4장 '배변 훈련' 참조)가 통화 중이거나 다른 방에서 바쁜 상황처럼 강아지를 온전히 돌볼 사람이 없을 때 강아지가 기분 좋게 들어갈 수 있는 장소
- 🐾 강아지가 하루에도 여러 번 드나들 수 있어 '혼자 있는 시간'에 대한 자신감을 키울 수 있는 장소 (향후 분리불안 문제도 예방 가능)
- 🐾 긍정적인 연상작용이 만들어져 있는 장소
- 🐾 바깥에서 가속 배변 훈련을 하기 쉽게 만드는 수단 ('가속 배변 훈련Accelerated Toileting'이라고 하니 일본 예능 프로그램에 나올 법한 챌린지 같기도 하군요! 배변 훈련 과정을 최대한 편리하게 만들어 줄 수 있는 수단이라는 뜻입니다.)

은신처는 이런 공간이어서는 안 됩니다.

- 🐾 벌을 주거나 타임아웃을 하기 위해 강아지를 가두는 공간
- 🐾 용변을 보는 공간
- 🐾 너무 덥거나 너무 춥거나, 어떤 식으로든 불편할 수 있는 공간
- 🐾 가정에서 사회적 교류가 이루어지는 중심 공간과 동떨어진 공간

강아지가 자기 은신처를 좋아하게 만드는 법

강아지 은신처는 강아지를 최대한 편안하고 스트레스 없이 지낼 수 있도록 여러분의 시간과 돈을 투자할 만한 최고의 장비라 할 수 있습니다. 다시 강조하자면, 은신처는 처벌이나 '타임아웃'의 수단으로 사용되어서는 안 되며, 편안함과 휴식의 장소여야 합니다. 은신처를 올바르게 사용하면 우리가 강아지를 항상 지켜볼 수만은 없을 때 발생할 수 있는 바람직하지 않은 행동을 막는 귀중한 도구가 될 것입니다. 그러니 첫날부터 은신처에서 가능한 한 긍정적인 연상작용이 많이 이루어지도록 하는 것이 좋습니다.

운 좋게도 친절하고 자상한 브리더에게 강아지를 분양받았다면, 데려오기 몇 주 전부터 은신처를 그들에게 맡겨 둘 수도 있을 겁니다. 그러면 강아지들이 은신처에 적응하기 더 좋겠지요. 적어도 강아지가 여러분의 집으로 오자마자 은신처 안에 있는 멋진 물건들을 발견할 수 있도록 도와주세요.

하지만 은신처를 보여 줄 때는 문을 바로 잠가서 그 안에 머물게 하지는 마세요. 강아지가 잡혔거나 갇혔다고 느껴 당황할 수 있으니 되도록 문을 열어 두어야 합니다. 새로운 긍정적인 연상작용이 생길 때마다 강아지는 자신이 좋아하는 물건이 있는 곳에 가서 그걸 가지고 노는 법을 배울 겁니다. 강아지가 올바른 선택을 할 수 있도록 해 주세요. 강아지는 스스로 선택할 때 자신감이 생깁니다. 은신처를 좋은 개껌, 고급스러운 침대, 멋진 장난감, 보들보들한 담요가 있는 근사한 공간으로 만들어 주세요. 물론, 물그릇도 있어야겠지요.

다음으로, 은신처에 마법사가 방문했는지 정기적으로 확인해야 합니다. 은신처 마법사가 누군지 모르겠다고요? 정말요? 은신처 마법사는 아무도 보지 않을 때 은신처에 나타나서 주위에 온갖 보물(솔직히 말해서 강아지 간식과 아주 비슷하지요!)을 숨겨두는 아주 놀라운 꼬마 마법사랍니다. 은신처 마법사가 다녀간 다음이면 저는 그 앞에 서서 강아지에게 이렇게 속삭이곤 하지요. "아니, 마법사가 다녀갔나? 혹시… 무슨 보물이라도 놓고 간 거 아니야?" 그런 다음 강아지를 은신처로 들여보내서 탐색하게 합니다. 그러면 강아지는 마법사가 남긴 보물을 발견하고 도파민 러시를 즐기지요!

작가의 말: 저도 가끔 집에 혼자 있을 때면 혹시 집에 사무실 마법사가 다녀간 건 아닌지 찾아볼 때가 있답니다. 아쉽게도 마법사가 온 적은 한 번도 없었네요. 전 48세의 성인이니까요.

따뜻한 물이 담긴 물병

강아지는 이제껏 잠을 잘 때마다 엄마나 형제들의 따뜻하고 포근한 몸 옆에 몸을 웅크리고 잤을 가능성이 큽니다. 그렇다고 여러분이 형제들을 모두 다 데려올 필요는 없습니다. (만일 그렇다면, 이 책 말고 '제정신 아닌 사람들을 위한 책'을 읽으세요!) 그러니 최대한 그 편안함을 재현해 봅시다. 강아지가 잠자리에 들거나 강아지 집에 머물러 있을 때, 따뜻한(너무 뜨겁지 않은) 물이 담긴 물병을 담요로 둘러싸서 곁에 놓는 것이죠. 강아지가 필요할 때 껴안고 있을 수 있도록 말입니다.

그릇

음식과 물을 담을 수 있는 안전하고 세척 가능한 그릇을 준비합니다. 강아지가 언제나 신선한 물을 마실 수 있도록 준비해 두세요. 자동차로 이동할 때는 흘림 방지가 되는 여행용 그릇을, 공원이나 훈련소에 갈 때는 휴대용 강아지 물병을 가져가면 좋습니다.

장난감

다양한 장난감은 강아지가 탐색하는 데에도, 보호자와의 관계를 형성하는 데에도, 이가 날 때도 꼭 필요합니다. 저는 보호자에게 "강아지는 하루에 4시간씩은 뭔가를 씹어야 하는데 무엇을 씹는 게 좋을까요? 보호자일까요, 가구일까요, 아니면 적절한 장난감일까요?"라고 묻습니다. 강아지가 씹지 못하도록 할 게 아니라, 씹는 것은 자연스럽고 필요한 행동이라는 점을 인식해야 한다는 것입니다. 따라서 여러분은 간식 급여용 콩^{Kong} 장난감이나 밧줄 장난감 같은 올바른 목표물을 대신 씹을 수 있도록 강아지를 유도해야 합니다. 푹신한 것, 탄탄한 것 등 여러 가지 촉감과 다양한 모양, 넓은 색상 스펙트럼을 제공해야 합니다.

장난감은 이가 날 때도 유용하지만, 강아지가 끌어안을 수 있도록 해서 안정감을 주기도 합니다. 게다가 보호자와 강아지가 함께 놀면서 유대감을 형성하고 즐거운 시간을 보내는 데에도 사용할 수 있지요!

개껌

괜찮은 가게를 알아 놓고 다양한 간식을 준비하세요. 좋은 간식은 강아지의 긴장을 풀어 줄 뿐만 아니라, 가구 대신에 씹을 수도 있으니까 서로에게 좋습니다! 잘게 부서지거나, 삼켰을 때 위험할 수 있는 껌은 피하세요.

다음과 같은 껌이 좋습니다.

1. 고무 재질로 된 상호작용을 할 수 있는 간식 급여용 장난감 (반려견 용품 브랜드인 콩에서 만든 제품을 추천합니다.)
2. 질감이 부드러운 개껌. 밧줄 장난감 같은 것

3. 조금 딱딱한 개껌. 닐라본 Nylabone(반려견용 간식 브랜드)의 제품을 추천합니다.
4. 사슴뿔
5. 불리스틱(소 음경을 말린 간식입니다. 곤란하니까 묻지 마세요!)

음식

개의 세계에서 가장 큰 지뢰밭에 오신 것을 환영합니다! 예전에 크로아티아에서 열린 대규모 국제 동물복지 콘퍼런스에서 연설했던 적이 있었습니다. 콘퍼런스 중간 쉬는 시간에 저는 대표 참석자 두 명이 개 사료의 장단점에 대해 논쟁하다가 거의 싸울 뻔한 장면을 목격했지요. 그런데 우습게도 영양에 대한 도덕적인 우위를 점하려 맞서던 그들이 커피를 마시며 도넛을 먹고 있는 게 아니겠어요!

저의 접근법은 제가 음식을 먹는 방식과 다르지 않습니다. 저는 최대한 '자연주의' 식품을 선호하기에 개들에게도 과하게 가공된 음식 대신 자연식을 먹입니다. 하지만 이에 대해서는 여러 논란이 있고 다른 책에서도 많은 논쟁이 있었기에 여기서는 간단한 상식에 근거해서 얘기하겠습니다. 바로 건강에 해로운 색소, 설탕, 첨가물, 보존제 같은 나쁜 것들을 피하고 강아지가 올바른 영양소를 섭취할 수 있도록 하라는 것입니다.

강아지들은 일반적으로 하루에 서너 번을 먹으니까 매일 먹는 음식을 잘 구성해 보세요. 그렇게 해서 은신처와 좋은 관계를 형성하게 하거나 올바른 배변 습관을 기를 수도 있습니다(4장 '배변 훈련'을 참고하세요). 편안하고 물어뜯어도 되는 뭔가를 씹을 수 있게 하려면 상호작용이 가능한 급여 장치에 음식을 넣어 두어도 좋습니다.

간식

간식은 많을수록 좋지요!

여러 가지 목적으로 간식을 사용할 수 있습니다. 우리가 바람직하게 여기는 행동(앉기, 리콜, 아이 콘택트 등)을 강화하는 데 사용할 수도 있고, 아이들, 자동차, 방문객, 이상한 소음, 낯선 질감 같은 것들에 대해 긍정적이고 좋은 연상을 줘서 강아지가 이에 대해 거부감을 느끼지 않고 자신감을 가질 수 있도록 할 수도 있습니다.

그러니 닭고기, 치즈, 수제 핫도그처럼 맛있는 간식을 항상 준비해 두세요. 물론 건강에 해로울 수 있는 간식을 너무 많이 먹이는 건 안 좋겠지요. 하지만 약하게나마 '와, 정말 맛있었어!'라고 느끼게 된다면 강아지들이 그 약간의 맛있음을 얻기 위해 자신이 했던 바람직한 행동을 기억하는 데 (그래서 그것을 반복하는 데) 도움이 될 겁니다. 강아지가 매일 먹는 음식 일부를 이런 식으로 줘도 좋습니다. 예를 들어 앞서 말한 급여용 콩 장난감을 사용해서 강아지가 자기 집에서 편하게 쉬는 시간을 보내도록 도움을 준다거나, TV 앞에서 가족과 함께하는 시간을 만드는 식으로 구성할 수 있습니다.

강아지가 좋아할 만한 보상을 하는 것이 중요합니다. 그러니 일반적으로 여러분이 구할 수 있는 것 중 최대한 좋은 장난감, 게임, 간식을 활용하면 좋습니다. 특히 간식 중에서 설탕, 소금, 뭔가 복잡해 보이는 첨

가물과 보존제가 다량으로 들어가 있는 것은 피하세요. 성분이 단순할수록 좋습니다. 그래서 저는 얇게 썬 닭고기나 강아지용 수제 간식을 주로 급여합니다. 먹고 싶어 하는 동기를 부여하고 식단의 질을 떨어뜨리지 않으면서도 최상의 결과를 얻을 수 있습니다.

저희는 강아지 훈련을 할 때 바람직한 행동을 강화하고, 사회화 과정에서 장소에 대한 긍정적인 연상작용을 일으키기 위해서 간식을 많이 사용합니다. 여러분 중 누군가는 저더러 강아지의 비만을 조장한다고 불평할 수도 있겠지만, 훈련과 긍정적인 연상이 안정적으로 이뤄지면 점차 간식을 줄여 나간답니다. 단, 강아지를 훈련할 때 인색하게 굴지 마세요. 훈련이 헛수고로 돌아가게 하고 싶지는 않으실 테니까요!

배변 봉투

환경을 위해 생분해성의 배변 봉투 혹은 기저귀 봉투를 사용하세요. 안타깝게도 아주 많은 양이 필요하답니다! 강아지가 바깥에 나갔을 때, 특히 새로운 장소에서 배변을 바로 하지 않는다 해도 놀라지는 마세요. 이것은 자신감에 따라 달라질 수 있는 문제입니다. 새로운 환경에 익숙해지면 편안함을 느끼게 되고, 나머지는 자연스레 흘러갈 겁니다.

효소 세제

인생은 완벽하지 않고, 강아지는 어쩔 수 없이 카펫에 용변을 볼 때가 있습니다! 이 점을 염두에 두고 동물 친화적인 효소 세제를 준비하세요. 예전에는 강아지 소변을 닦을 때 식초를 추천하는 사람도 있었습니다. 식초는 알칼리성이기 때문에 더러워진 부위의 냄새를 없애는 데 좋기는 하지만, 어떤 강아지들은 식초를 사용한 부위에 도로 오줌을 싸기도 한다는 사실이 밝혀졌답니다.

목줄

가능한 한 빨리 강아지가 품질 좋고 가벼운 목줄을 착용하는 데 익숙해질 수 있도록 하세요. 너무 무겁거나 두꺼운 것은 강아지에게 자극과 스트레스를 주니 피하세요. (어렸을 때 우스꽝스러운 모자나 불편한 신발을 처음 신었던 때를 기억하시나요?) 강아지에게 모든 새로운 것을 소개할 때와 마찬가지로 천천히 진행하며 긍정적인 태도를 유지합니다.

1. 목줄을 여러분의 등 뒤에 숨긴 채 바닥에 앉으세요.
2. 강아지에게 목줄을 보여 주고 간식을 준 다음 목줄을 다시 등 뒤로 숨깁니다.
3. 여러 번 반복해서 목줄이 나타나면 = 좋은 것이라는 연상이 형성됩니다.
4. 강아지가 목줄을 보고 좋아하는 것을 확인하면(훈련사들은 이를 '긍정적으로 조건화된 정서적 반응 Positive Conditioned Emotional Response'이라고 합니다), 즉 꼬리를 살살 흔들고,

몸을 씰룩대고, 기대에 찬 눈빛을 보이면 강아지의 목에 목줄을 갖다 댄 다음 간식을 주세요.

5. 4단계와 같이 간식을 주기 전에 강아지의 목에 목줄을 여러 번 갖다 대면서, 점차 느슨한 상태로 목줄을 목에 착용까지 시켜 주세요. 그리고 다음 과정을 반복하기 전에 다시 풀어 주세요.

6. 강아지 목에 목줄을 고정하고, 게임을 하거나 재미있게 논 다음, 다시 목줄을 풀고 즐거운 시간을 멈추세요. 반복합니다.

7. 계속해서 고정적으로 착용할 수 있을 때까지 목줄 착용 시간을 점차 늘립니다.

인식표

영국에서는 반려견 관리 명령에 따라 1992년부터 공공장소에 있는 모든 반려견은 보호자의 이름, 주소, 우편번호를 새긴 목줄을 착용하도록 하고 있습니다. 다시 한번 말씀드리겠습니다. 목줄에 인식표를 달아서 최대한 일찍 착용할 수 있도록 하세요. 너무 크지 않은 것이 좋습니다. 비스티 보이가 아니라 강아지니까요!

편안한 하네스(가슴줄)

저는 강아지와 산책할 때 목줄보다는 하네스를 선호합니다. 강아지와 함께 산책할 때는 여러분도 즐길 수 있고, 서로 최대한 편안하길 바랍니다. 제 경험상 하네스는 목에 두르는 목줄보다 훨씬 더 편안하고 통제도 가능하면서 연결된 느낌을 줍니다. 강아지와 보호자 사이에 리드줄이 팽팽하게 당겨질 때가 있을 텐데, 그럴 때면 그 압박감을 최소화하고 싶을 겁니다. 그래서 저는 그 팽팽함이 강아지의 좁은 목 부위를 압박하는 목줄 대신 넓은 가슴과 어깨에 편안하게 퍼지는 하네스를 추천합니다.

물론 이 책에서 우리는 강아지가 리드줄을 따라서 멋지게 걷도록 가르칠 예정이지만, 그러려면 훈련이 필요하고 훈련에는 시간이 걸립니다. 그러니 지금은 강아지의 편안함과 안전에 집중하겠습니다. 편하고 조절 가능한 하네스를 구매해서 잘 맞도록 조정하세요.

리드줄

목줄에 적응시킬 때와 마찬가지로 강아지가 줄이 연결되어 있다는 사실을 알아차리지 못할 만큼 가벼운 리드줄로 시작하세요. 일단 강아지가 기분 좋게 하네스를 착용하고 있을 때 리드줄을 연결합니다. 간식, 게임, 포옹 등을 활용해 그 순간을 파티처럼 만드세요. 여러분의 집이나 정원처럼 안전한 공간에 있는 한 처음부터 리드줄을 잡고 있을 필요는 없습니다. 운이 좋으면 강아지가 리드줄이 자기 뒤에 늘어져 있다는 사실조차 눈치채지 못할 수도 있습니다. 만약 강아지가 알아차린다면 리드줄을 달고 있는 것 = 좋은 시간을 보내는 것이라는 연상을 하게 되므로 잘 된 일이죠.

저는 그동안 전 세계의 훌륭한 반려견 훈련사들로부터 많은 걸 배웠습니다. 어렸을 때 벨기에 출신의 게르트 드 볼스터Geer De Bolster라는 멋진 트레이너와 함께 일했던 적이 있었지요. 게르트의 영어 실력은 뛰어나다고는 할 수 없었지만, 제가 그 나라의 언어로 말하는 것보다는 확실히 훨씬 나았답니다! 언제나 그랬듯이 개와 함께라면 열정이 넘쳤던 저에게 게르트는 아래와 같은 두 가지 지침을 내려 주었습니다.

1. '파티처럼 만들기' = 보상으로 미친 듯이 재밌게 놀아 주기
2. '가로등 기둥처럼 있기' = 입 닫고 가만히 있기!

강아지에게 알맞은 집안 환경 만들기

강아지의 호기심을 탓하지 마세요! 강아지가 호기심 어린 눈으로 샅샅이 살피고 싶어 하는 것은 강아지가 안전함을 느끼고 새로운 세상에 최대한 빨리 적응하는 데 필수적입니다. 그러니까 약간의 수고를 들여 미리 예방해 놓는 것이 크게 아프게 된 다음에 치료하는 것보다 낫다는 말입니다. 다음은 강아지를 집에 데려오기 전에 주의해야 할 몇 가지 예시입니다.

🐾 백합이나 수선화 구근 같은 독성이 있는 식물이 정원에 없는지 확인해 두세요.
    (온라인에 있는 수많은 자료에서 최신 목록을 확인하고 커뮤니티에서 조언을 구할 수 있습니다.)
🐾 리모컨, 비싼 신발, 핸드폰처럼 '물어뜯으면 안 되는' 개껌은 정리해 두거나, 없애거나, 보호 조치하세요. 이런 것들은 정리해 두거나, 없애거나, 보호 조치하지

않으면 이것을 '물어뜯어도 되는' 개껌으로 정해 놓는 것이나 마찬가지입니다. 여기에 이빨 자국이 남는다면, 그건 강아지 잘못이 아니라 여러분의 잘못입니다!

- 길게 늘어뜨린 식탁보를 조심하세요!
- 강아지가 꼬리를 흔들 때 생기는 파괴력을 얕보지 말고 물건을 치우세요! 들뜬 강아지의 꼬리는 2.4초도 안 되어 커다란 와인잔 6개를 와장창 깨뜨릴 수 있습니다.
- 여러분이 지켜볼 수 있는 가구는 가구지만, 지켜볼 수 없는 가구는 '물어뜯어도 되는' 개껌이 됩니다!
- 연못을 비롯해 강아지가 들어갈 수 있는 물 주위에는 울타리를 치세요.
- 페인트, 비료, 제초제를 비롯한 모든 화학 물질에 강아지가 접근하지 못하도록 잘 치워 두세요.
- 정원 울타리가 모두 튼튼하게 고정되어 있는지 확인하세요.
- 전기 케이블... 목록은 끝이 없습니다! 질식 위험이 있다고 생각되는 것은 무엇이든 안전하게 조치하세요. 강아지가 갖고 논다고 생각했을 때 안전하지 않은 것은 접근할 수 없도록 치워 두세요. 우리는 안전을 위해 아기가 어른의 보호 없이 집안을 마구 기어다니도록 두지 않습니다. 강아지도 마찬가지로 보호해야 합니다.

위의 목록을 유념하여 노트와 펜을 들고 집과 정원을 돌아다녀 보세요. 체크리스트를 작성하고, 강아지가 도착하기 전에 미리 재앙을 막으려면 각 항목에 체크 표시를 하면서 모든 항목에 대한 점검을 완료하세요. 강아지가 도착하면 여러분은 위험 상황에 대해 계속 노심초사하지 않고 그 과정을 즐길 수 있게 될 것입니다.

첫날밤: 행운을 빌어요!

　솔직히 말해, 새집에서의 첫날밤은 새끼 강아지에게는 꽤 두려운 시간이 될 것입니다. 엄마, 형제자매, 그리고 강아지들이 유일하게 알던 주변 환경에서 떨어져 나왔으니까요. 그러고 나서 아마도 처음으로 무시무시한 차를 타고 새로운 (그렇기에 앞으로 겁에 질리게 될 수도 있는) 광경, 소리, 냄새로 가득한 곳에 도착했을 겁니다. 지금은 엄한 사랑을 할 때가 아닙니다. 공감해 주고, 안정감을 주고, 신뢰를 쌓아야 할 때입니다. 되도록 강아지를 아침에 데려와 온종일 함께 시간을 보내면서 밤이 되기 전에 새로운 환경과 새로운 집에 익숙해질 수 있도록 하세요. 강아지가 보호자와 함께 알차고 좋은 일로 가득한 하루를 보낸 다음, 밤이 되기 전에 '잠자리에 들' 준비가 되도록 하는 것이 계획입니다! 아침 일찍 강아지를 데려오면 은신처가 얼마나 근사한지 보여 줄 시간도 충분하겠죠.

　그러면 양념을 잘 쳐둔 담요로 감싼 따뜻한 물병은 어디에 두어야 할까요? 은신처에 두면 됩니다. 강아지가 하루 동안 먹을 맛있는 간식을 어디서 찾게 해야 할까요? 은신처에 두면 됩니다. 강아지는 집에서 가장 편한 침구를 어디서 발견하게 될까요? 은신처입니다. 강아지는 아침, 점심, 저녁을 어디에서 먹어야 할까요? 그렇죠, 은신처에서 먹습니다. 첫날 내내 강아지에게 은신처가 가장 좋은 곳이라는 걸 알려 주기 위해 할 수 있는 모든 것을 해 보세요.

　잘 시간이 되면, 이제 강아지에게 익숙해졌을 은신처를 위층으로 가져와서 여러분의 침대 옆에 두세요. 현실적인 조언을 하나 드리자면, 강아지의 마지막 식사는 잠자기 최소 2시간 전에 마쳐서 마지막 배변 의식을 할 때 강아지가 '비워낼' 수 있도록 하세요. 첫날밤에 강아지를 혼자 두는 '옛날식의' 접근 방법과는 다르지요. 여러분이 만일 어렸을 때부터 쭉 지내왔던 집과 엄마와 가족을 떠나서 새로운 소리, 냄새, 광경으로 가득한 낯선 환경에 놓인다면 어떤 기분이 들지 상상해 보세요. 트라우마를 극복할 수 있도록 조금이라도 더 위안을 주는 무언가가 필요하지 않을까요?

보호자가 위층에 있는 동안 강아지는 아래층에 완전히 격리해 놓고 계속 울게 내버려두기보다는, (그러면 여러분과 이웃들, 이웃의 이웃 모두에게 꽤 끔찍한 밤이 되겠지요!) 처음 며칠 동안은 여러분과 함께 침실에서 지내는 게 좋습니다. 물론 강아지는 마련된 은신처 바닥에서 잠드는 것이지만요. 우리는 자신감 있고 낙관적인 강아지를 키우려고 이렇게 하는 것이고, 그런 신뢰를 쌓으려면 인내와 시간이 필요하다는 점을 기억하세요. 맛있는 간식 몇 개와 양념을 쳐둔 담요를 은신처 안에 두면 강아지를 편안하게 해 줄 수 있습니다. 밤새도록 이따금 은신처에 손을 집어넣어서 강아지를 안심시켜야 할 수도 있다는 점을 알아 두세요. 솔직히 더 조용히 지내고 싶어서 강아지를 데려온 건 아니잖아요!

여러분이 쓰는 방에 강아지와 함께 있으면 가장 좋은 점은 강아지가 소변을 보려고 서성대거나 칭얼거릴 때 밖으로 꺼내 줄 수 있다는 것입니다. 11월의 새벽 3시에 침대를 박차고 일어나 강아지를 안고서 계단을 내려간 다음, 서리가 내린 잔디밭에 서 있으려면 당신의 인격을 넘어서는 강인함이 필요하겠지요. 하지만 저를 믿으세요. 그만한 가치가 있습니다. 강아지가 실내에서 배변할 뻔한 상황을 모면하고, 그 중요한 실외 배변 연습을 여러분이 해낸 게 되니까요(이 방대한 주제는 4장에서 다룰 예정입니다). 아침이 되면 아래층으로 다시 내려놓아서 보호자와 함께 낮에 시간을 보낼 수 있도록 하세요.

며칠 혹은 몇 주가 지나 강아지가 자기 집에 점점 익숙해지고 새로운 가족들과 잘 지내게 되면, 은신처를 보호자로부터 점차 멀리 위치시켜도 좋습니다. 최종적으로 가게 될 위치는 강아지가 앞으로 매일 밤에 잠이 들게 될 곳입니다.

서두르지 마세요.

신뢰를 구축하려면 시간이 걸린다는 걸 잊지 마세요.

이 글을 쓰는 지금, 저는 제 사무실에 카를로스와 함께 앉아 있습니다. 13살이 된 말리누아 종이지요. 제 소울메이트입니다. 카를로스는 지난주에 심장 질환 진단을 받아서 앞으로 오랜 시간 함께하기는 어렵게 되었습니다. 저는 초조하게 시간이 가는 걸 바라보지만, 카를로스는 그렇지 않습니다. 여전히 활기차고 세상 걱정 없이 순전한 즐거움으로 살아가고 있지요. 생후 7주부터 제가 가르친 것입니다.

여러분의 강아지도 그렇게 되길 바랍니다. 세상에 대한 걱정 없이 순전한 기쁨을 누리며 사는 삶 말이지요. 우리가 함께 했던 마법 같은 모험을 되돌아봅니다. '나쁜 놈'들을 잡고, 마약을 찾아내고, 훈련소로 가는 차 안에서 라디오를 들으며 노래 부르던 순간들, 그리고 그저 함께 있었던 시간을 말이죠. 우리는 수천 마일을 함께 여행했고, 하도 숙박을 많이 해서 우리가 나타날 때마다 수많은 숙박업소 주인이 의심했답니다.

여러분에게도 그런 특별한 시간이 찾아오리라 믿습니다.

강아지와 함께 떠나는 마법 같은 모험에서 이 책이 여러분의 손을 잡아 이끌어 주기를 바랍니다. 여러분이 13년 후에 지금을 되돌아봤을 때 대변 치우고, 잠 못 자고, 코 깨물리고, 가구 바꾸고, 옷 갈아입고 하던 지난날이 그럴만한 가치가 있었는지 자문해 볼 수 있도록 말이죠(여러분이 반드시 겪게 될 일입니다). 이 질문에 대해서 여러분이 바로 하게 될 대답은 아마 저와 마찬가지로 '그 무엇과도 바꾸지 않겠다.'일 것입니다.

03
강아지가 여러분에게 알려 주고 싶어 할 20과 2분의 1가지

1. 저는 타고난 친화력을 가지고 태어났어요. 건강하고, 안전하게, 그리고 낙관적으로 저를 대해서 그 친화력을 매일매일 찬찬히 키워 주세요.

2. 저는 걸어 다니는 행동 기계입니다. 잘못된 행동을 하지 않도록 제 환경을 제어해서 가장 좋은 행동을 할 수 있도록 도와주세요!

3. 제 친구가 되어 주세요.

4. 우리가 함께 있을 때면, 둘 중 하나는 상대방을 훈련시킨다는 거 잊지마세요!

5. 우리는 늑대가 아니에요. 부디 제 열정을 세계 정복과 같은 열망과 혼동하지 마세요. 제가 가구 위로 올라간다면 그건 가구가 편해서예요! 제가 보호자보다 빠른 데다 호기심이 너무 많아서 먼저 문을 통과하게 될 수도 있고요. 저보다 먼저 먹으려고 애쓰실 필요도 없어요. 인생은 너무 짧으니까요!

6. 저와 함께 시간을 보내 주세요.

7. 단순명료한 게 좋아요.

8. 의심하지 마세요.

9. 우리는 상대 팀이 아니라 같은 팀이에요.

10. 제가 하지 않았으면 하는 행동이 있다면, 그 행동을 대체할 수 있는 행동을 저에게 강화해 주세요. 그럼 우리 둘 다 행복할 거예요.

11. 저의 모든 행동에는 이유가 있어요.

12. 보호자가 요구하는 사항을 제가 따르지 않는 이유는 단 두 가지뿐이에요.

뭘 하라는 건지 모르겠음

그걸 할 동기가 충분하지 않음

13. 저의 보디랭귀지를 잘 살펴본다면 우리는 더 원활하게 소통할 수 있을 거예요. 제가 어떻게 '느끼는지'가 제가 무엇을 '하는지'보다 훨씬 더 중요합니다.

14. 계속해서 꾸준히 사회화할 수 있도록 도와주시면 제가 낯선 '인간' 세계에 적응할 수 있어요. 저는 사회화가 많이 필요한데, 양보다는 질이 더 중요합니다.

15. 양질의 수면을 충분히 취할 수 있도록 해 주세요. 제가 성장하는 동안에 저의 몸과 뇌는 조용한 '다운로드' 시간이 충분히 있어야 합니다. 저는 생후 8주에는 하루에 18~22시간, 12주에는 16시간 정도 눈을 붙여야 한답니다.

16. 저만의 안전한 장소를 확보해 주세요. 가끔은 혼자만의 시간이 필요할 때가 있습니다. 아무도 방해하지 않는 곳에서 평화롭고 조용하게 저 혼자만의 시간을 보낼 수 있도록 장소를 마련해 주세요.

17. 모든 훈련은 보호자와 저 모두의 삶을 개선하기 위한 것이에요.

18. 저는 보호자와 갈등을 일으키고 싶지 않아요. 저를 잘 지도해 주세요.

19. '고집 센' 개는 없어요. 제가 그 첫 번째가 되지는 않을래요! 저는 절대로 '당신이 뭘 원하는지 알고 있지. 그걸 하게 만들려면 나한테 뭔가를 해줘야 할 거야.' 이런 식으로는 생각하지 않아요!

20. 제발 저를 위압해야 한다고 생각하지 말아 주세요. 우리처럼 길들여진 개들은 그럴 필요가 없답니다. 따지고 보면, 어차피 아래와 같은 것들은 정해져 있잖아요.

어디로 가야 하는지   무엇을 먹을지

어디서 자야 하는지   어디에 용변을 봐야 하는지

언제 자야 하는지   누구와 어울릴 수 있는지

언제 먹는지   제가 하는 일 대부분

작은 강아지에 불과한 저에게 얼마만큼이나 지배력을 행사해야 후련하시겠어요?!

20½. 고양이보다는 강아지가 훨씬 낫지요.

건너뛰고 여기로 오셨군요!
짐작했겠지만 지름길은 없어요.
허튼수작은 안 통한다고요!

여러분을 응원합니다.

이 책의 내용을 즐겁게 읽고,
강아지에게 당신이 얼마나 중요한지
절대 과소평가하지 않길 바랍니다.

이제 다시 9페이지로 돌아가세요!

04
배변 훈련

'쉿! 쉬고 있던 강아지가 쉬하러 갔어요!'

Q: 남자는 서서, 여자는 앉아서, 강아지는 세 다리로 하는 건 무엇일까요?
A: 악수하기!

    믿거나 말거나 미국컨넬클럽^{American Kennel Club}(미국 반려견 협회)에 따르면, 개들이 집을 잃거나 보호소에 입소하는 가장 큰 이유는 집을 더럽혀서라고 합니다. 믿어지시나요? 사람들이 자녀들에게는 그 정도로 참을성이 없지 않다는 게 다행이네요! 강아지를 집안에 들여서 함께 살기로 약속한 것은 우리라는 사실을 잊지 마세요. 강아지는 우리의 가족입니다. 손을 내밀어 강아지들의 발을 잡아서(은유적으로 말입니다. 우리가 서커스단은 아니잖아요.) 배변 훈련 과정으로 이끄는 건 전적으로 우리 책임입니다. 간단하지만 쉽지만은 않은 일이죠. 꾸준히 한다면 금방 끝날 수 있겠지만, 하루아침에 되는 일은 아닙니다.

    이것만 기억하세요. 강아지는 배변해야겠다고 느낄 때 배변하고, 그럴 때 배변하고 싶다는 느낌이 오는 장소에서 배변합니다. 여러분이 선생님이 되어 배변하기 가장 좋은 장소를 주의 깊게 반복해서 알려 주세요. 그 과정을 잘 진행해서 강아지가 정해진 장소에 배변하게 되면 배변 훈련이 된 것입니다.

<u>주의: '악의를 품고', '보호자에게 앙갚음하려고' 집안 아무 데나 배변하는 강아지는 없을 겁니다. 제가 알기로 그런 일을 한 동물은 1985년 3학년 수학여행을 갈 때 데이비드 존스가 유일하지만, 그 얘기는 다음 기회에 하겠습니다!</u>

왜 이런 일이 일어날까요?

실내에서 지정된 장소 외에 배변하는 일이 일어나는 이유는 여러 가지입니다.

🐾 방광을 완전히 조절할 수 있게 되기까지 최대 20주가 걸림 (방광이 가득 찼을 때가 조절하기 가장 어려운 때입니다!)

🐾 배변하기 가장 좋은 장소를 강아지가 아직 학습하지 못함

🐾 복종성 배뇨 submissive urination

🐾 흥분함

강아지들은 왜 딱딱한 바닥보다 카펫에 더 자주 볼일을 보느냐는 질문을 받을 때가 종종 있습니다. 이유는 강아지들이 흡수력이 좋은 바닥에 있을 때 자연스레 볼일을 보고 싶어 하기 때문입니다. 우리는 가장 흡수력이 좋은 표면이 바깥에 있다는 걸 가르치기만 하면 됩니다. 물론, 풀밭에서 소변을 볼 기회가 없었던 개들은 그렇게 길들었기 때문에 계속해서 콘크리트 바닥에서 소변을 볼 겁니다. 하지만 선택의 여지가 있다면 대부분의 개는 흡수성이 좋은 바닥에서 소변을 보고 싶어 합니다.

'그런 일'은 일어나기 마련입니다.

강아지들은 우리와 마찬가지로 어떤 행동이 강화되면 그 행동을 더

하게 됩니다. 그러니 배변 활동이 할머니 슬리퍼 말고 적절한 장소에서 적시에 일어날 수 있도록 해야 합니다. 강아지들은 보통 이럴 때 볼일을 보고 싶어 합니다.

🐾 아침에 일어나자마자

🐾 식사 후

🐾 산책 후

🐾 놀이 후

🐾 방문객이 왔을 때

🐾 실내에서 신나게 놀았을 때

🐾 자기 전에

🐾 강아지가 코를 킁킁대며 바닥을 맴돌 때 (이에 대해서는 아래 내용 참조)

'그런 일'이 일어나기 전, 일어나는 중, 일어난 후에 필요한 것

🐾 배변 일지 (이런 것이 여러분의 삶이 되었다는 걸 받아들이세요!)

🐾 은신처, 유아나 강아지용 울타리

🐾 강아지의 보디랭귀지를 예리하게 알아차리기

🐾 헌신

🐾 적합한 효소 세제

🐾 인내심과 몇 번의 심호흡! (두 번째 청소할 때는 어려울 수 있겠지만요!)

배변 훈련에 성공할 수 있는 최상의 환경 만들기

강아지가 배변 훈련을 완전히 마칠 때까지는 가능한 한 지정된 '관찰자'가 지켜보고 있거나 그게 어렵다면 은신처에 머무르도록 해야 합니다. 관찰자는 강아지가 보이는 보디랭귀지를 매의 눈으로 관찰해서 볼일을 보고 싶어 한다는 단서를 파악해야 합니다. 강아지가 은신처 안에 있을 때는 지도가 필요 없습니다. 강아지도 우리처럼 (그렇길 바랍니다!) 선택할 수 있다면 자신이 잠자고 먹는 곳에서는 되도록 배변하고 싶지 않겠지요. 그러므로 은신처는 관찰자의 지도가 없는 시간에 잠깐 머물기에 최적인 공간입니다.

강아지 배변 훈련이 성공에 이를 수 있도록 최적의 집안 환경을 조성하는 다른 방법도 있을 겁니다. 일부 전통적인 조언과는 달리 저는 강아지가 오줌을 눌 수 있도록 실내에 신문지를 깔아두는 것을 좋아하지 않습니다. 제가 생각하기에 그것도 여전히 강아지가 실내에서 오줌을 누도록 훈련하고 길들이는 것입니다. 우리는 궁극적으로 강아지가 어떤 형태의 바닥에서든 집 안에서는 볼일을 보지 않게 하려는 것입니다. 그러므로 강아지가 '오줌을 눈다'라고 할 때는 집 밖에서 볼일을 본다는 뜻입니다. 강아지가 바깥에서 배변하는 게 가장 좋다는 걸 배울 수 있도록 도와줍시다.

위와 같은 논리에 따라 우리는 관찰자와 은신처를 적극 활용해서 강아지가 실내에서 실수하는 일을 줄일 것입니다. 이제 여러분은 준비가 되었고, '신호'를 기다리면 됩니다.

"그런데 강아지가 볼일을 보고 싶어 한다는 신호가 도대체 뭘까요?"라는 여러분의 말소리가 들리네요. 제가 위에서 강아지가 볼일을 보고 싶은 가능성이 가장 큰 환경 혹은 순간에 대해 언급하긴 했지만, 단번에 알아차릴 수 있는 확실한 신호는 없습니다. 하지만 예를 들어 코를 킁킁대며 바닥을 맴도는 것은 일반적으로 꽤 확실한 신호라 할 수 있습니다. 이 행동은 개가 땅바닥에 뱀이 있는지 확인하고 풀을 부드럽게 만든 다음 대변을 보기 위해 엉덩이를 깔고 앉던 시절에서 유래했다고 합니다. 이 밖의 신호로 칭얼거리기, 몸을 위아래로 흔들며 안절부절못하기, 문 긁어대기가 있습니다.

시간이 좀 지나면 여러분은 신호를 알아차릴 수 있게 될 겁니다. 강아지마다 신호는 다르겠지만, 인내심을 가지고 잘 관찰하면서 언제든 행동에 나설 준비를 하세요! 그러다가 이런 신호가 오면 강아지를 안아서 밖으로 데려가거나 스스로 밖으로 나갈 수 있도록 유도해 주세요. 그런 다음엔 조용히 기다리고 또 기다리세요.

강아지가 볼일을 보러 가면(꼭 강아지가 없을 때여야 합니다), 이젠 축제를 준비할 시간입니다! 간식, 야단법석, 칭찬, 놀이 등을 준비하세요! 강아지가 가장 좋아하는 것을 준비해 밖에서 볼일을 봤으면 즉시 보상을 줘야 합니다. 그렇게 함으로써 행동 자체도 강화할 수 있고, 올바른 장소에서 그 행동을 한 것도 강화할 수 있습니다.

강아지의 관점에서 본 교훈은 다음과 같습니다.

실내 배변 = 아무 쓸모 없음
실외 배변 = 세상에서 가장 좋은 것!

세상에서 가장 좋은 걸 얻을 수 있다면 다리를 조금 더 오래 꼬고 있지 못할 사람이 누가 있을까요? 강아지도 마찬가지입니다. 간단하죠? 물론, 예외는 있지만요. 예를 들어 위의 모든 사항을 (신호 읽기, 강아지를 바깥으로 데려가기 등) 완벽하게 수행했음에도 불구하고 바깥에서 볼일을 보지 못하거나 아니면 실수를 한다거나 말이죠.

그런 일이 생기면(정확히 말해 아무 일도 일어나지 않는다면), 5분간 조용히 기다린 다음 부산스럽지 않게 강아지를 다시 안으로 데려가서 은신처에 넣으세요. 그런 다음 10분 후에 다시 시도하세요. 필요한 만큼 반복하세요. 그리고 강아지가 밖에서 볼일을 보게 되면, 파티 분위기를 꼭 만들어 주세요!

여기서 중요한 점은 이렇습니다. 유혹을 물리치고 배변이라는 특정 행동이 시작될 때가 아니라 '끝나자마자' 강화 과정을 시작해야 한다는 것입니다. 배변이 완전히 끝나기 전에 여러분이 너무 흥분해서 축하해 주면 강아지는 소변을 반만 본 채로 간식을 낚아채고는 집안으로 뛰어 들어갈 겁니다. 여러분이 아끼는 카펫 위에서 편안하게 '볼일'을 마치려고 말이지요!

여기서 마지막으로 강조하고 싶은 점은 강아지가 실내에서 볼일을 보더라도 절대로 벌주지 말라는 것입니다. 구식 방법 중 하나는 '거기'에 강아지 코를 문지르는 것입니다. 역겨운 데다 절대 용납할 수 없는 행동이죠. 아기의 얼굴에 더러운 기저귀를 문지르지는 않잖아요! 인내심을 가지고 평정심을 유지하면서, 강아지들이 언제 어떻게 배변해야 올바른 것인지 배우고 있다는 점을 곱씹어 보세요. 강아지들을 벌주거나 야단치는 게 아니라, 가르치는 것이 여러분의 임무입니다. 여러분의 역할을 잘 인지하면서 일관성 있게 훈육하는 것이 아기 강아지에게 도움이 됩니다. 카펫이 아무리 값비싼 것이더라도, 여러분이 강아지와 함께하는 삶이나 강아지와의 관계만큼 소중할 수는 없습니다.

배변 일지 쓰기

여러분이 하게 될 거라고는 결코 생각지 못했을 일이 있습니다. 바로 강아지 배변에 대한 일지를 쓰는 것입니다. 이것이 아주 유용한 도구라는 데는 매우 그럴듯한 논리가 있습니다. 첫 번째와 두 번째 배변을 허둥거리며 기록하고 나서, 몇 주가 지나면 강아지가 배변을 보는 시간의 패턴이 보이기 시작할 겁니다. 배변 일지를 쓰면 강아지의 배변 패턴에 따라서 여러분의 계획을 조정할 수 있고, 하루 중 언제 강아지를 밖으로 데리고 나가야 하는지 시간도 눈에 들어올 겁니다. 패턴을 발견했다면, 그에 따라 바짝 주의를 기울이세요. 인내심과 에너지가 드는 일이죠. 필요하다면 핸드폰에 알람을 설정해 두어도 좋습니다. 힘든 일이지만, 러그를 문질러 빨아야 하는 것보다는 낫지 않겠어요?

문질러 빠는 얘기가 나와서 말인데, 불상사가 생기면 좋은 효소 세제를 사용해서 말끔하게 세척해 주세요. 개는 이전에 배변을 보았던 곳에 다시 배변을 보러 오는 경우가 많으므로(과거에는 영역을 표시하는 것이 생존의 일부였을 겁니다.) 해당 부위를 정말 꼼꼼하게 빨아야 합니다. 한 번에 제대로 세척하세요.

위의 방법이 강아지의 배변을 돕는 가장 좋은 방법입니다. 하지만 강아지가 여전히 실내에서 실수하는 다른 중요한 이유를 세 가지 더 언급해 보겠습니다.

한밤중의 배변 훈련

앞서 언급했듯이 강아지는 자기가 먹고 자는 곳에서는 볼일을 보고 싶어 하지 않지만, 강아지의 작은 방광과 장은 얼마 버티지를 못합니다. 그러니 일찍 일어나 배변 훈련 모드를 시작해서 실수를 최대한 줄일 수 있도록 노력해야 합니다. 강아지를 최대한 도와주세요. 배변 훈련이 제대로 이뤄지면, 매일 10분 정도씩은 더 포근한 침대에서 여유를 누릴 수 있게 될 겁니다.

환영의 소변

혹시 누군가를 보고 너무 반가워서 소변을 지린 적이 있나요?
에헴, 저도 결코 그런 적은 없습니다.
어떤 강아지들은 가족이나 방문객을 보고 너무 흥분하면 작고 미성숙한 요도 괄약근이 참지 못하고 '안녕하세요' 하고 인사하는 바람에 자신도 모르게 오줌을 싸기도 합니다. 어떤 강아지들은 너무 흥분해서 집 안 곳곳을 뛰어다니면서 소변 자국을 남기기도 하지요. 결국 여러분이 뒤처리하게 되고요(저는 강아지가 오줌으로 'Hi!'라고 쓴 것을 본 적도 있습니다). 다행히도 강아지의 괄약근은 나이가 들수록 강해지기 때문에 보통 그런 행동은 개선이 된다는 것입니다. 한편, 만일 여러분의 강아지가 몹시 흥분하며 반가워하는 스타일이라면 방문객에게 당부해 두세요. 강아지를 되도록 바깥에서 처음 마주칠 수 있게 하고, 유쾌하고 친절하게 인사하되 과도한 흥분 가능성을 줄이기 위해 낮은 톤으로 인사할 수 있도록 말이지요.

복종성 배뇨 Submissive Urination

유화적 행동 appeasement behaviour 이라고도 알려진 이 행동은 강아지가 자신감이 부족하거나 인사받는 사람을 다소 두려워할 때 나타납니다. 위의 모든 경우와 마찬가지로 이것은 지극히 정상적인 행동이며, 시간이 흐름에 따라 성장하고 자신감이 생겨나면서 이 문제는 보통 사라집니다.

이러한 과정에 속도를 높이고 싶다면 강아지가 사람과 새로운 환경에 대해 자신감을 키울 수 있도록 항상 노력하세요. 단기적으로는 다음과 같은 팁을 시도해 보세요.

- 강아지가 실수하더라도 크게 문제가 되지 않을 만한 공간에서 인사를 건네세요. 정원이라면 딱 좋겠지요.
- 강아지의 잘못이 아니라는 걸 인정하세요. 강아지들은 정말 어쩔 수 없이 그런 것입니다.

😺 언제나 그렇듯, 야단치거나 벌주고 싶은 유혹을 물리치세요. 이는 다음에 강아지가 다음에 더 겁을 먹고 복종하게 만들어서 문제를 악화시킬 뿐이니까요.

😺 최대한 부드럽게 인사하세요. 몸을 숙이고, 강아지가 여러분에게 오도록 하세요. 강아지 머리 위로 크고 무서운 손을 내뻗기보다는 턱 밑을 간질이는 것이 훨씬 좋습니다.

😺 자신의 보디랭귀지에 유의하세요. 몸을 작게 만들고, 옆으로 슬쩍 움직이세요. 강아지 쪽으로 몸을 굽히거나 똑바로 바라보지 말고, 눈과 얼굴을 옆으로 돌려 강아지가 당신에게 와서 페이스를 조절할 수 있도록 하세요.

🐾 사례 연구: 코커 스패니얼 강아지 대소변 🐾

코커 스패니얼 종 강아지인 자비스는 몹시도 사랑스러운 작은 강아지였습니다. 자비스는 사랑이 너무 넘친 나머지 가족을 위해 소파 뒤에 작은 '선물'을 주기적으로 남겨두곤 했습니다. 그런 일이 있기 몇 주 전, 저는 배변 훈련을 비롯해 '강아지에 대한 모든 것'을 알려 주기 위해 그 집을 방문한 적이 있었습니다. 그래서 계획에서 빠진 것들이 무엇인지 자세히 검토해 보고 싶었습니다.

온 가족이 제가 하는 말을 노트에 받아 적으려 만반의 준비를 한 채로 기다리고 있었습니다. 가족을 하나로 뭉치게 하는 데는 원치 않는 강아지 똥만 한 게 없지요! 저는 쭉 살펴본 다음 가족에게 지시한 모든 사항을 확인해 보았습니다.

나: 자비스를 적당한 시간에 밖으로 데려가서 볼일을 볼 수 있도록 하고 계신가요?

가족: 네!

나: 자비스가 거실에 보호자 없이 방치되지는 않나요? 자비스와 함께 있을 때는 보디랭귀지를 잘 살피고, 함께 있을 수 없을 때는 자비스가 자기 집에 머물도록 하고 있나요?

가족: 거의 그래요!

나: 알겠습니다. 앞으로 몇 주간 '거의'가 '네'라고 바뀔 수 있도록 목표를 세워 봅시다. 이제 자비스가 바깥에서 볼일을 보면 그 행동을 강화하고 계시는지 확인해 볼게요. 자비스가 좋아하는 쫄깃한 치즈 같은 걸로 즉각적인 보상을 주시나요?

가족: 네!

나: 자비스가 실내에서 볼일을 본다고 벌준 적은 없으시고요?

아버지: 아!

나: 아?

아버지: 아….

알고 보니 일주일 전에 다른 가족이 외출했을 때, 아버지가 카펫에 똥을 싸는 자비스를 발견하고 소리를 지르며 혼을 낸 적이 있었답니다. 그렇게 해서 불쌍한 자비스는 사람들이 보는 거실에서 볼일을 보면 '나쁜 일'이 생긴다는 걸 학습했죠.

그러면 자비스에게 전달된 정보는 무엇이었을까요?

사람들이 볼 수도 있는 실내 공간에서는 볼일을 보지 말라는 것이었습니다.

자비스의 관점에서 해결책은 무엇일까요? 간단합니다.

바로 소파 뒤에 볼일을 보는 것이었죠!

딱하게도 아버지는 자신이 합리적이라고 생각한 대로 행동했을 뿐이지만, 그렇게 내린 벌로는 강아지에게 바라는 점이 무엇인지 결코 알려 줄 수 없습니다. 강아지는 혼란스러워지는 데다가, 더 안 좋은 점은 아버지를 두려워하게 된다는 것입니다. 누구에게도 좋을 게 없지요. 게다가 제가 여러분에 대해서는 잘 모르겠지만, 저의 경우 무서우면 화장실에 가고 싶거든요!

저는 자비스에게 소리를 질러서 얻게 된 '후유증'과 부작용에 관해 설명한 후, 자비스가 제대로 지도를 받고 있는지, 바깥에서 볼일을 보았을 때 제대로 보상받고 있는지, 혹시나 어떤 상황에서라도 사람이 실수한 것에 대해 야단 맞고 있는 것은 아닌지 확인했습니다. 그러자 순식간에 수리수리 마수리! 다시 정상 궤도에 오를 수 있었습니다.

이 이야기의 교훈이 뭘까요? 우리는 우리가 강화하는 것을 얻게 된다는 것이죠. 벌을 주어도 얻을 수 있는 게 있긴 합니다. 하지만 그건 소파 뒤에서겠지요!

05
반려견의 보디랭귀지

당신이 하는 말을 친구들이 늘 무시한다고 상상해 보세요. 더 이상 그 친구들과 어울리고 싶지도 않을 것이고, 대화를 시도하는 것조차 곧 포기하게 될 것입니다. 오랫동안 친구로 남지는 못하겠죠.

우리는 많은 강아지를 우리 세계로 들여서 우리 규칙대로 게임을 해 달라고 합니다. 사실, 강아지들은 정말로 잘 해냅니다. 그렇지 않다면 저는 그 모든 걸 해결하느라 너무 바빴겠죠! 우리는 강아지들이 매일같이 우리의 이상하고 작은 종알거리는 소리가 무슨 뜻인지 학습하기를 바랍니다. 강아지들이 우리에게 '말'할 때 듣는 법을 배우는 것은 우리가 할 수 있는 최소한의 일입니다.

강아지를 원만하고 행복하며 안전한 반려견으로 키우고 싶다면, 우리는 강아지 보디랭귀지 전문가가 되기 위해 최선을 다해야 합니다.

기분 나쁘게 듣진 마세요. 여러분도 동물입니다!
우리 모두가 동물이지요.
우리는 보디랭귀지를 주고받습니다.
모든 동물이 그렇지요.

여러분이 강아지들의 보디랭귀지를 읽고 반응할 수 있었으면 합니다. 강아지가 스트레스를 받거나 두려워할 때 그들이 필요로 하는 것을 알아차리고, 그 스트레스를 줄여주거나 여러분이 강아지를 지켜주고 있다는 확신을 줄 수 있도록 말이지요. 강아지의 기분이 좋다면 여러분이 즉시 알아차려서 그 기쁨을 함께 할 수 있으면 좋겠습니다.

이건 여러분의 강아지에게만 해당하는 내용이 아닙니다. 여러분이 모든 개의 보디랭귀지를 읽는 법을 배우기를 바랍니다.

공원에 불편해 보이는 다른 개가 있다면, 그걸 알아차려서 그 개가 필요한 만큼 여러분의 강아지가 자리를 내어 주도록 해야 합니다. 다른 개가 여러분의 강아지와 마주치고 싶지 않아 한다는 걸 '알아차리지' 못한다면 온갖 종류의 갈등과 안 좋은 상황을 겪게 될 수 있습니다. 산책을 망치는 정도에서 그칠 수도 있겠지만, 최악의 경우 이제껏 해 온 사회화 프로그램을 10배나 후퇴시킬 수도 있습니다.

보디랭귀지를 읽는 법

모든 '보디'가 같지는 않습니다. 편안한 상태의 포메라니안 꼬리와 휘핏 꼬리는 보기에 매우 다를 것입니다. 그러니 강아지가 편안할 때, 특별한 일 없는 쾌적한 장소에서 강아지의 보디랭귀지를 관찰하는 시간을 가져 보세요. 중립적인 상태에서 강아지의 보디랭귀지가 어떤지를 알아야만 강아지가 놀랐는지, 흥분했는지, 즐거운지를 가늠해 볼 수 있게 됩니다.

강아지의 보디랭귀지를 읽을 때는 맥락과 환경까지 관찰하고 헤아리는 것이 중요합니다. 보디랭귀지는 진공 상태에서 일어나는 것이 아닙니다. 그 점에 대해서는 모든 의사소통이 마찬가지입니다. 맥락을 살피면 강아지가 불꽃놀이 때문에 스트레스를 받아서 헐떡이는 건지, 아니면 그냥 따뜻한 날씨에 공 가져오기 놀이를 해서 헐떡이는 건지 판단할 수 있습니다. 강아지가 앞발을 드는 것은 불안해서일 수도 있고, 다른 강아지와 놀 준비를 하는 것일 수도 있습니다. 맥락이 가장 중요합니다.

신체의 어느 한 부분만 보고 강아지가 이런저런 것을 느끼고 있다고 100% 확신할 수는 없습니다. 모든 신체 부위를 살펴본 다음 환경까지 살펴서 전체적인 그림을 봐야 합니다. 그런 다음 배운 내용을 토대로 추측해 보고, 필요에 따라 강아지를 도울 수 있는 것입니다.

한마디로 강아지의 보디랭귀지를 알아차리고, 그에 반응하는 것은 매우 중요하다는 말입니다. 강아지들이 보내는 미묘한 신호를 듣지도 않고 그에 따른 반응도 없다면, 강아지는 자신이 아는 단어 중에서 가장 적절한 '말'을 골라서 CAPS LOCK 키로 소통하는 데(외치듯이 강하게 표현한다는 의미) 의지하게 될 것입니다. 여기서 공격성이 발생하게 되는 것이죠.

일반적인 보디랭귀지 신호와 주의가 필요한 부분

스트레칭

항상 그렇듯이 맥락을 고려하세요. 강아지는 어쩌면 간단히 '모닝 스트레칭'을 하는 것일 수 있습니다. 특히 사이트하운드(후각보다는 시각을 주로 사용해서 사냥하는 데 특화된 견종)처럼 몸이 긴 개는 말이죠. 이들은 아침에 일어나면 앞으로 몸을 숙여서 뒷다리를 스트레칭한 다음, 뒤쪽으로 몸을 기울여 앞다리를 스트레칭하고, 목을 길게 뻗은 후 하품을 합니다. 비로소 소파에 23과 4분의 3시간 머무르는 힘겨운 여정을 보낼 준비를 마친 것이죠! 하지만 이 행동은 이들이 뭔가가 불편하다는 걸 알리는 전위행동 $^{displacement\ behavior}$의 일부일 수도 있고, 아니면 누군가를 반기는 행동일 수도 있습니다. 또한 강아지들은 친숙한 사람에게 인사를 할 때, '별일 없나, 친구?' 라는 느낌으로 기지개를 천천히 쭉 펼 때도 있습니다.

하품

하품은 강아지들이 편안하지 않은 상황에서 약간의 부담을 느끼고 있다는 신호일 수 있습니다. 간혹 주변 사람들을 진정시키고 싶거나 다른 이들이 자신을 안심시켜 주기를 바랄 때 하품하기도 합니다.

긁기

강아지가 그냥 가려운 것일 수 있습니다. 그러나 맥락을 살피세요. 여러분이 강아지를 살짝 안심시켜 주기를 바라서 하는 전위행동일 수도 있습니다.

눈

눈은 마음의 창이지요. 눈을 통해서 주고받을 수 있는 소중한 메시지는 아주 많습니다.

- 😺 **강하고 지속적인 응시**: 위협하려는 것일 수 있습니다.
- 😺 **부드러운 눈빛**: 아몬드 모양의 눈을 하고 있다면 강아지가 편안한 상태라는 걸 짐작할 수 있습니다.
- 😺 **눈 돌리기**: 위협적인 상황일 때 눈을 다른 데로 돌리는 것으로, 자신을 진정시키는 행동이라고 할 수 있습니다.
- 😺 **동공 확장**: 각성이나 스트레스를 나타내는 신호입니다. '천둥 번개 때문에 무서워 죽겠어요!'라며 정신적 고통을 호소하는 것일 수도 있지만, '엄마가 쇼핑을 해

오셨네. 오오, 치킨 윙이잖아! 치킨 윙이 왔다!'처럼 '유익한 스트레스eustress'(행복한 스트레스, 흥분, 긍정적인 각성)일 수도 있습니다.

🐾 **눈 가늘게 뜨기:** 보통은 서로 부딪칠 일을 줄이고 악의가 없음을 보여 주려고 하는 '유화적' 행동이라 할 수 있습니다. 여기서도 맥락을 고려하는 것이 중요합니다. 강아지가 다른 개에게 적극적으로 다가가서 '가늘게 뜬 눈'을 보인다면 강아지는 정말로 상호작용을 원하는 것이고, 명확한 의사소통 기술을 선보이면서 우호적인 의도를 드러내려는 것입니다. 하지만 만일 강아지가 지나치게 열성적인 다른 개에게서 벗어나려고 애쓰면서 눈을 가늘게 뜨고 있다면, 여러분이 개입해서 강아지를 다른 장소로 옮겨야 할 수도 있습니다.

🐾 **눈 깜빡임:** '강하고 지속적인 응시'와 반대되는 행동입니다. 편안하며 대립 없는 상태를 보여 줍니다.

🐾 **고래 눈:** 소위 공막(눈의 흰자위)이라고 하는 부분이 정상보다 더 많이 보이는 경우입니다. 리소스 가딩(먹이나 물건을 빼앗기지 않으려고 하는 것)이 그 원인일 때가 많습니다. 강아지의 몸은 자신이 지키려고 하는 무언가를 향하는데, 시선은 '위협적'이라 여겨지는 대상을 향하기 때문에 공막이 더 드러나는 것입니다.

입

🐾 **이완:** 입이 긴장감 없이 벌어져 있다면 강아지가 편안하다는 뜻입니다. 보통 강아지의 아랫니가 보이는 것이 좋은데, 이는 강아지 머리의 측두근과 턱의 깨물근이 잘 이완되어 있다는 걸 알려 줍니다.

🐾 **입술을 수평으로 움츠렸을 때:** 마치 강아지가 윈드 터널에 갇힌 것처럼 입술이 뒤쪽으로 당겨져 있다면, 불안하거나 두려움을 느끼고 있음을 암시하는 것일 수 있습니다.

- 🐾 **입술을 수직으로 오므렸을 때:** 다윈이 말했듯, 몸과 얼굴의 모양새가 위쪽으로 올라가 있다면 '위협' 행동을 암시하는 것일 수 있습니다. 강아지가 '물러서'라고 말하는 것입니다. 지금은 강아지를 야단치거나 훈육할 때가 아닙니다. 상황을 파악하고 훌륭한 반려견 훈련사에게 연락을 취해서 강아지가 더 이상 비슷한 상황에 놓였을 때 이런 압박감을 느끼지 않도록 훈련 계획을 세우는 것이 좋습니다.

- 🐾 **입을 꽉 다물고 있을 때:** 강아지가 긴장을 느끼고 있을 수 있습니다. '수염(좀 더 근사하게는 강모라고 한답니다. 뭔가 있어 보이죠?)' 아랫부분이 평소보다 좀 더 많이 보이는 것도 입 주위에 긴장이 드러난다는 신호입니다. 입을 앞으로 내밀어서 이 부분이 도드라지는 것이지요.

꼬리

- 🐾 **꼬리 흔들기:** "강아지가 꼬리를 흔들고 있었다고요...." 사람들이 개에게 물리고 나서 저에게 상황을 설명할 때 자주 하는 말입니다. 마치 그 개가 잘못하기라도 한 것처럼 말이죠! 교훈은 간단합니다. 꼬리를 흔드는 것이 꼭 친근감의 표시라고 할 수는 없습니다. 우리가 팔을 흔드는 게 꼭 기분 좋게 '잘 가'라고 하는 건 아닌 것처럼 말이죠. 성난 주먹을 휘두르며 팔을 흔드는 것일 수 있잖아요!

- 🐾 **쭉 뻗기:** 길게 쭉 뻗은 꼬리는 경계심이나 흥분을 나타냅니다.

- 🐾 **다리 사이에 집어넣기:** 긴장하거나 겁을 먹은 상태입니다.

- 🐾 **헬리콥터 꼬리:** 강아지가 친근하게 인사하거나 기분 좋은 상호작용을 기대할 때, 꼬리로 멋지게 원을 그리며 움직이는 것을 헬리콥터 꼬리라고 합니다. 원을 그리며 움직일 때도 있고, 어떨 때는 아주 예술적으로 8 모양을 그리기도 하지요!

귀

가지고 있는 패를 최대한 잘 활용해 보세요. 여러분 중에서는 귀가 V자 모양인 비즐라 종, 귀가 접혀 있는 블러드 하운드 종, 박쥐 귀를 가진 코기 종을 키우는 분도 계실 겁니다. 선택 교배로 인해 생긴 모양들입니다. 귀의 모양과 크기가 다양하므로, 보통 때 귀가 어떤 모습인지를 파악하는 것이 중요합니다. 귀 밑부분을 살펴보면 많은 정보를 얻을 수 있습니다.

- **쫑긋한 귀**: 귀가 서 있으면 뭔가에 신경을 쓰고 있는 것입니다. 주의를 기울이고 있는 것일 수도 있고(괜찮습니다), 아니면 걱정하고 있는 것일 수도 있습니다(별로 좋지 않습니다).
- **뒤로 당겨진 귀**: 귀가 뒤쪽으로 당겨져 있다면 긴장이나 불안, 두려움을 느끼고 있는 것일 수 있습니다.
- **뒤로 젖혀진 귀**: 위와 비슷하지만, 귀가 뒤쪽으로 완전히 젖혀진 상태입니다. 몸은 경직되어 있지 않고 편안하며, 좋은 친구를 맞이하는 편안한 눈빛을 보입니다.

머리

- **머리 기울임**: '삼각화triangulation' 혹은 '전삭반사Orientation Reflex'라고도 합니다. 강아지가 갑자기 머리를 45도 기울이는 걸 말합니다. 마치 '스쿠비 두?'라고 하는 것처럼 말이죠. (순수주의자들이라면 제가 지나치게 의인화한다며 핀잔을 주겠지만, 전 상관없습니다. 제 강아지가 '그래도 괜찮아'라고 해 주거든요.) 강아지들은 소리가 정확히 어디서 오는지 알아내려고 할 때 고개를 기울입니다. 귀가 거리와 방향을 파악하는 작은 인공위성 역할을 하는 것입니다. 이들이 스스로 삶을 꾸려나가던 옛 시절에는 그렇게 해서 길게 난 풀 사이에 있는 쥐에게 아주 정확하게 달려들어 잡을 수 있었습니

다. 한 번 만에 잡아야 하니까 정확했어야 하겠죠. 오늘날 전삭반사는 어디서 바삭한 과자 봉지를 막 뜯었는지를 정확하게 알아낼 때 가장 쓸모 있답니다!

발

발을 잘 살펴보세요. 발은 보디랭귀지를 논할 때 간과하기 쉽지만, 살펴볼 만한 것이 많은 부분입니다.

- **앞발 들어 올리기**: 보호자가 식사 준비를 하거나 장난감을 던져 주려고 할 때, 강아지들은 기대감의 표시로 앞발을 들어 올릴 때가 많습니다. 아니면 어떨 때는 불안함의 정도를 앞발로 표현하기도 합니다. 자신에게 너무 지나치게 코를 킁킁대는 다른 개나 집에 온 낯선 방문객에게 불안함을 느끼는 것일 수 있습니다. 가끔은 새롭거나 호기심이 생기는 상황을 파악하려고 할 때 강아지가 부드럽게 발을 들어 올리는 모습을 보이기도 합니다. 예컨대 다른 종을 처음 목격했을 때입니다.

전체적인 몸짓

강아지의 보디랭귀지를 읽을 때는 위에서 설명한 개별적인 특징뿐만 아니라 몸짓이 그리는 전체적인 그림을 살피며 최대한 많은 정보를 얻는 것이 좋습니다. 우리의 보디랭귀지에도 비슷한 메시지가 많이 담겨있으니 이를 첫 번째 기준으로 삼으세요. 예를 들어 '안녕'이라고 하는 인간 대 인간의 접근 방식을 생각해 봅시다. 좋은 의도를 가지고 접근할 때는 보통 초승달 모양으로 다가가게 됩니다. 접근하는 사람이 아치 모양, 즉 곡선을 그리며 간다는 말이지요.

개가 다른 개에게 우호적인 의도로 다가갈 때 가장 먼저 하는 행동은 무엇일까요? 바로 엉덩이 냄새를 맡는 것입니다. 개의 코는 아치 모양을 그리며 접근해서 곧장 인포메이션 센터에 다다릅니다.

저는 종종 포르투갈로 여행을 떠나곤 했습니다. 아침에 잡은 물고기를 가지고 돌아오는 어부를 기다리는 해변의 개들을 보기 위해서였지요. 개들끼리 서로 만나고 난 후 모래에 새겨진 발자국을 관찰하면, 초승달 모양으로 서로 접근해서 인사하고 만났다는 걸 파악할 수 있었습니다. 우리도 그렇습니다. 우리도 누군가를 처음 만날 때는 비슷한 곡선을 그리며 다가가는데, 그러면 악수하기에 적합한 자세가 됩니다. 악수할 때 우리의 몸은 친근한 각도로 자연스레 기울어집니다. 어떤 사람들은 겸손한 태도로 고개를 끄덕이고 숙여 인사하면서 몸을 더 많이 굽히는 것을 볼 수 있습니다. 굽히는 것이 좋습니다!

제가 만일 여러분과 대화를 나누려고 서 있을 때 편안하고 우호적이며 안심되는 환경에 놓여 있다면, 제 발은 '10시와 2시' 위치에 있을 것이고 무릎은 구부러져 있을 것입니다. 엉덩이, 어깨, 머리는 모두 한쪽으로 기울어져 있을 것이며, 여러분을 1~2초 이상 빤히 바라보지 않고 눈을 깜빡이거나 시선을 돌리곤 할 것입니다.

이제 그 반대 경우를 생각해 볼까요. 제가 그다지 우호적이지 않은 의도로 여러분에게 다가간다고 상상해 보세요. 여러분에게 다가가기 전에 저는 몸을 똑바로 세워서 발과 무릎은 평행으로 놓고 엉덩이, 어깨, 머리는 모두 일직선이 될 것입니다. 딴 곳으로 눈을 돌리거나 몇 초마다 눈을 깜빡이기보다는 직접적으로 눈을 마주칠 것입니다. 똑바로 직진하는 직접적인 접근 방식입니다. 당연히 불안한 느낌이 들겠지요!

개의 경우에도 마찬가지입니다. 직선적으로 다가가는 것, 강한 눈빛을 직접적으로 마주치는 것, 코와 코가 정면으로 맞닿는 만남은 모두 적신호입니다. 그러니 우리와 크게 다르지 않지요?

하지만 만약 우리가 서로 만나게 된다면 악수하기로 합시다. 그래요. 다른 건 하지 말고요….

여러분의 강아지가 보일 만한 다른 중요한 보디랭귀지 신호도 알려드리겠습니다. 흔히 쓰는 말로 '털 세우기 Raised Hackles'는 전문 용어로 '입모 piloerection'라고 합니다. 강아지의 목뒤 쪽이나 척추를 따라 털이 서 있는 상태를 말합니다. 이는 각성의 신호이며 딱히 좋은 의미도, 나쁜 의미도 없습니다. 개가 흥분했다는 뜻이므로, 환경과 상황을 살펴서 흥분이 좋지 않은 방향으로 흘러가지 않도록 주의하세요. 여러분이 사는 지역의 공원이나 반려견 클럽의 일부 '전문가'들은 반려견 목 뒷부분의 털만 삐쭉 서 있으면 안 되고, 척추 부분의 털까지 함께 서 있어야 한다고 할 수도 있습니다. 이런 사람들은 돌팔이들이니까 그냥 웃어넘기고 갈 길을 가세요!

또 다른 예로는 '흔들 목마'가 있습니다. 두 마리의 개가 함께 뛰어놀고 있을 때 달리는 개의 척추 부분에서 멋진 '흔들 목마'와 같은 움직임을 볼 수 있습니다. 포식자가 사냥하는 것 같은 모습보다는 어린양들이 까부는 모습을 연상시키는 움직임이 강아지들 사이에서 호감을 사는 데에 유리합니다.

마지막으로 여러분의 강아지나 다른 개가 절을 하는 모습을 가끔 볼 수 있을 겁니다. 몸에서 우호적인 부분을 위로 올리고, 뾰족하며 물 수도 있는 다른 한쪽 부분을 아래로 내리는 것은 대체로 놀이를 유도하기 위한 친근한 제스처라고 해석할 수 있습니다.

전위행동

전위행동이란 맥락에서 벗어난 행동을 말하는데 이는 정상적인 개의 행동입니다. 전위행동은 개가 '피하기'와 '다가가기'처럼 두 가지의 상충하는 동기 사이에서 갈등할 때 발생하곤 합니다. 예를 들어 강아지가 다른 나이 든 강아지에게 인사하고 싶은데 겁이 날 수도 있습니다. 그럴 때 강아지가 그루밍을 하거나 30초 전에는 아무렇지 않았던 곳이 갑자기 가렵다는 '발견'을 하는 등의 전위행동을 하는 걸 볼 수 있습니다. 전위행동은 강아지가 상황을 좀 더 오래 가늠해 볼 수 있는 시간을 벌어 줍니다. 어렸을 때 수학 선생님이 어려운 문제를 내면 하품하거나, 머리카락을 만지작거리거나, 머리를 긁거나, 의자에 기대 몸을 뒤로 젖히던 기억이 있지 않나요? 그것이 바로 전위행동입니다. 강아지의 전위행동에는 보통 코를 킁킁거리기, 긁기, 하품하기, 셀프 그루밍 같은 것들이 있습니다.

메타 시그널

두 마리의 개가 놀고 있을 때는 먹이 주기, 싸움, 던지기, 짝짓기와 같은 강렬한 활동을 연습하는 중이라는 점을 기억하세요. 야생 개가 놀이 중에 이런 행동을 연습하는 것은 역사적으로 중요했을 것입니다. 때가 되면 자신, 집단, 궁극적으로는 종족의 생존에 필요한 행동을 능숙하게 전달할 수 있었을 테니까요.

물론 다행히도 오늘날까지 이런 행동이 같은 규칙으로 적용되지는 않지만, 비슷한 장치는 존재합니다. 메타 시그널은 개가 놀이 중에 '진짜로 하는 건 아님'이라고 말하는 신호입니다. 예를 들어 저면 셰퍼드가 콜리의 뒤를 쫓으면서 이런 식으로 말하는 겁니다. '널 바닥으로 패대기친 다음 중요한 장기들을 물어뜯으려고 쫓고 있는 거야. 진짜로 그렇다는 게 아니라, 내 메타 시그널을 보라구. 흔들 목마 같은 움직임이면서 입은 편안하게 벌리고 있잖아. 이것 봐. 그냥 노는 거라니까!'

스트레스에 대해

여기서 '스트레스'가 꼭 부정적인 의미는 아니라는 점을 유의하세요. 우리 인간들은 항상 스트레스가 나쁜 것이라 말합니다. 하지만 스트레스의 정확한 의미는 그저 우리 몸이 완벽하게 균형 잡힌 중립 상태에서 행동해야 할 때를 준비하는 상태로 바뀐다는 뜻입니다. 우리는 좋아하는 악틱 몽키즈Arctic Monkeys 밴드의 공연을 보러 가면서 스트레스를 받을 수도 있고, 방문 판매원이 또다시 벨을 눌러서 스트레스를 받을 수도 있습니다.

흥분과 두려움은 교감 신경계를 활성화하기 위해 호르몬 칵테일을 분비하고, 이는 몸에 유사한 생리적 영향을 미칠 수 있습니다. 강아지는 천둥이 무서워서 스트레스를 나타내는 보디랭귀지를 보일 수도 있지만, 좋아하는 장난감을 보호자가 던져줘서 그것을 쫓으려 할 때도 스트레스를 나타내는 보디랭귀지를 보일 수 있습니다. 잠재적인 스트레스를 나타내는 신호의 예시는 다음과 같습니다.

- 🐾 굳게 다문 입
- 🐾 헐떡임
- 🐾 칭얼거림
- 🐾 귀가 뒤쪽으로 기울어짐
- 🐾 혀 내밀기(혀를 입의 밖으로 빠르게 내미는 행동)
- 🐾 전위행동

어딘가에서 갈등이 있어서 스트레스를 받았다면 분명한 징후가 있을 것입니다. 우리 포유류들은 위협을 느끼면 몸을 세우고 앞쪽으로 숙이는 경향이 있습니다. 찰스 다윈 Charles Darwin 은 1872년에 그의 저작인 《인간과 동물의 감정 표현 The Expression of the Emotion in Man and Animals》에서 이를 언급했습니다. 제 말이 믿기지 않으신다면 토요일 밤에 차를 타고 나이트클럽 앞을 지나가면서 도어맨들이 어떻게 서 있는지 보세요. 어떤 강아지가 다른 강아지에게 친근하게 인사하려고 하는데, 그 강아지는 계속 꼿꼿한 자세로 몸을 앞으로 기울여 내려다본다거나 다른 위협적인 행동을 보인다면, 여러분은 강아지를 그 상황에서 벗어나도록 해야 합니다.

우리 동물들은 (개를 포함해서) 두려움을 느끼면 표정과 몸이 움츠러들고, 위협을 주는 대상으로부터 멀어지려는 경향이 있습니다. 여러분의 직감을 믿으세요. 우리는 인간이기 이전에 동물이라는 걸 기억하세요.

강아지의 보디랭귀지를 읽고, 이해하고, 그에 따라 반응할 수 있다면 여러분과 강아지 모두 의사소통 능력이 향상되고 유대감도 더욱 끈끈해질 것입니다. 게다가 정서적, 신체적인 건강에도 도움이 되지요. 의사소통은 말할 때가 아니라 들을 때 시작되는 것입니다.

06
앉기

앉은 자세란 무엇일까요?

엉덩이를 바닥에 댄 것이죠. (다른 게 뭐가 있을까요?!)

왜 앉기를 가르칠까요?

마지막으로 강아지에게 앉기를 가르치는 초기 단계를 보호자에게 알려 줬던 때가 언제인지 잘 기억나지 않네요. 저 같은 훈련사의 손길이 닿기 전에 이미 강아지에게 업로드되는 '소프트웨어' 같은 것이라서 그렇습니다. 하지만 강아지의 '앉기'를 얼마나 자주 '개선'해야 했는지는 기억이 납니다. 매번 한답니다!

강아지를 일 초 동안 앉게 하고는 이제 끝났다며 '브리튼즈 갓 탤런트 Britain's Got Talent?' (심사위원들이 영국의 숨은 재주꾼들의 능력을 심사하는 오디션 프로그램)에 나가도 되겠다는 식으로 하는 것이 아닙니다. 잘 앉는 방법은 정말 많습니다. 훌륭하고 안정적으로 앉게 하는 것은 아주 중요한 운동을 가르치는 것이라 할 수 있습니다.

기본적인 앉기 훈련 단계

1. 간식을 들고 강아지가 냄새를 맡을 수 있게 합니다. 냄새를 맡으면 강아지의 머리 위로 천천히 몇 센티미터 들어 올립니다. 강아지의 머리가 올라가고 엉덩이가 내려가기 시작하면 그때 '옳지'라고 말하면서 강아지에게 간식을 줍니다. 여기서 너무 욕심내지 마세요. 강아지가 서서히 앉을 수 있도록 하려는 것이므로, 이번 단계에서는 엉덩이가 바닥에 닿을 때까지 기다릴 필요 없습니다.

2. 위와 마찬가지로 하되, 강아지의 엉덩이가 내려가면 '앉아'라고 합니다. 강아지의 엉덩이가 실제로 바닥에 닿을 때까지 기다렸다가 '옳지'라고 말하세요. 그리고 '옳지'라고 말할 때 강아지의 엉덩이가 여전히 바닥에 닿아 있는지 확인하세요. 너무 느리게 하면 올바른 행동을 마크하기 전에 강아지가 다시 일어날 수 있습니다.

   어떤 행동이 발생했을 때 여러분이 그 행동을 (간식으로) 강화하기 전에 '옳지'라고 말하면 그 행동을 마크한 것이 됩니다. 강아지가 정확히 어떤 행동으로 인해서 좋은 결과물을 얻었는지를 알 수 있도록 행동을 마크하는 것이 중요하지요. 강아지가 무슨 행동으로 보상받았는지 알게 되면 나중에 어떤 행동을 반복할지 인식하기가 쉬워집니다. 저는 행동을 마크하는 것이 그 행동의 스냅샷을 찍어 두는 것과 같다고 보호자들께 말씀드리곤 합니다. 그런 다음에 여러분은 강아지에게 그 사진을 보여 주면서 이렇게 말하는 것이죠. "네가 했던 이 행동 보이지? 그래서 네가 좋은 걸 얻은 거야."

3. 이 정도입니다! 여러분은 기본적인 앉기 훈련 방법을 배우셨습니다. 하지만 아직 해야 할 일이 남았습니다. 바로 '평생에 걸쳐서' 세 가지 D의 수명을 늘리는 일입니다. 그것은 Duration(지속시간), Distraction(주의분산), Distance(거리두기)입니다.

세 가지 D를 더해서 흥을 돋워 보세요

위에서 말했듯이, 앉기는 여러분이 강아지에게 가르칠 수 있는 아주 중요한 운동 중 하나입니다. 그렇기에 지속시간, 주의분산, 거리두기에 해당하는 3D의 다양한 버전을 여러 장소에서 보증할 필요가 있습니다. 그래야만 실제로 신호를 주었을 때 바로 행동을 취하게 되지요.

단, 강아지에게 '명령'이 아니라 행동하기 위한 '단서'를 줘야 합니다. 제가 생각하기에 명령이란 나폴레옹 같은 옷차림으로 양손을 허리에 짚은 채로 해야만 하는 것입니다. 그래서 단서라고 말하는 것이 더 적절합니다. 부정적인 최후통첩이라기보다는 긍정적인 창구나 기회처럼 보여야만 하기 때문입니다. 그러니 '명령'은 버리고 '단서'로 갑시다.

위의 내용을 염두에 두고, 앉기와 관련된 3D의 예를 들어보겠습니다. 하지만 3D는 이 책에 나오는 여러 다른 훈련에도 사용될 수 있겠습니다. 지속시간, 주의분산, 거리두기의 세 가지 D는 정말로 삼위일체와도 같습니다.

- 🐾 Duration(지속시간): 우리는 강아지가 1초가 아닌 60초 동안 앉아 있었으면 합니다.
- 🐾 Distraction(주의분산): 우리는 강아지가 집에서보다는 반려견 미용사 앞에서 잘 앉아 있기를 바랍니다.
- 🐾 Distance(거리두기): 우리는 강아지가 리드줄에 묶여 있을 때보다는 우리에게서 20미터 떨어져 있을 때 앉기를 바랍니다.

그러면 실제 훈련에서는 어떻게 하면 될까요?

Duration(지속시간)

1. 기본 3단계에 따라 진행하되, 강아지의 엉덩이가 바닥에 닿았을 때 '옳지'라고 강화하기 전에 1초 기다리세요.

2. 기본 3단계와 같게 하되, 이제 2초, 3초, 4초 등을 기다리세요. 항상 점진적으로 늘리며 진행할 필요는 없습니다. 강아지가 계속 추측하게 만들어서 참여를 유도하세요. 어떨 때는 3초 기다린 다음 강화하고, 그다음번에는 4초, 그다음에는 1초, 5초 같은 식으로 할 수 있습니다. 우리는 절대 '직선적으로' 학습하지 않습니다. 훈련도 마찬가지여야 하겠지요!

Distraction(주의분산)

1. 기본 3단계를 따르되, 강아지를 앉힌 다음 여러분의 머리에 손을 얹고 강아지가 계속 앉아 있으면 '옳지'라고 말하며 강화합니다.

2. 앉힌 상태에서 (여러분의) 다리 한쪽을 들어 올리고 강아지가 계속 앉아 있으면 '옳지' 하고 말하며 강화합니다.

3. 앉힌 다음 다리 한쪽을 들어 올린 상태에서 머리도 두드립니다. 강아지가 계속 앉아 있으면 '옳지'라고 말하며 강화합니다. 여기서 우리는 환경과 '광경'이 간혹 달라지더라도 공통점을 유지한다는 점을 가르치려는 것입니다. 여러분이 '앉아'라고 말하면 주위에 무슨 일이 일어나든지 간에 엉덩이를 바닥에 딱 붙이면

보상을 얻을 수 있다는 공통점 말이지요. 이것은 모두 이 장의 뒷부분에 나올 행동 보증의 일환입니다.

4. 훈련을 해 나가는 동안 계속해서 주의분산을 진행하세요(강아지가 앉아 있을 때 여러분은 10분 동안 트롬본을 연주하면서, 12명의 곡예사가 머리 위에서 '고양이 저글링'을 하며 왔다 갔다 하는 겁니다. 그러는 동안에도 강아지가 계속 앉아 있다면 '잘했어'라고 말하며 해당 단계를 강화하고 끝내는 것이죠. 이 정도면 충분할 겁니다). 모든 세 가지 D와 마찬가지로, 기준을 조금씩 조금씩 높이세요. 어떤 단계에서 여러분이 '옳지'라고 말하기 전에 강아지가 일어나 버렸다고 해도 괜찮습니다. 훈련은 그런 것입니다. 다음번에는 달성할 수 있는 수준으로 기준을 낮춰서 거기서부터 진행하면 됩니다. 우리는 훈련하는 것이지 테스트하는 게 아니라는 점을 기억하세요.

Distance(거리두기)

강아지가 앉으면 멀찍이 물러났다가 다시 돌아와서 '잘했어'라고 강화하는 것입니다. 관중이 열광하지요!

1. 강아지를 여러분의 왼쪽에 위치시킵니다. '앉아'라고 신호를 보냅니다. 강아지가 앉으면 여러분의 왼발은 그대로 둔 채 오른발만 한 발짝 물러납니다. 1초를 센 다음 오른쪽 발을 다시 들여놓습니다. 강아지가 앉은 자세를 유지하고 있다면 '옳지'라고 말하며 강화합니다.

2. 이번에는 강아지를 여러분의 오른쪽에 두고 위의 과정을 진행합니다. 오른쪽 발은 고정하고 왼발을 한 발짝 바깥으로 놓습니다. 강아지가 여전히 앉은 자세를

유지하면 '옳지'라고 말하며 강화합니다.

3. 이제 양발 모두 물러설 차례입니다. 강아지를 옆에 두고 '앉아' 신호를 보냅니다. 강아지가 앉으면 강아지와 가깝게 놓여 있는 발은 그대로 두고 떨어져 있는 발은 더 멀찍이 놓습니다. 강아지가 여전히 앉아 있으면 두 발을 모아서 여러분이 강아지와 한 걸음 떨어져 있도록 합니다. (지금 한 걸음 떨어져 있는 상태가 아니라면, 여러분이 바랐던 댄서가 되기는 힘들겠네요!) 1초를 센 다음 강아지 옆으로 다시 돌아갑니다. 강아지가 여전히 앉은 자세라면 '옳지'라고 말하며 강화합니다.

위와 같이 진행하되, 두 걸음 떨어진 곳까지 확장합니다. 그런 다음 세 걸음, 네 걸음 등을 진행하세요. 강아지의 집중도와 참여도를 유지하려면 점진적인 진행 단계를 다양하게 만들고 때로는 짧은 버전도 넣어 보세요.

시작 지점을 최대한 다양하게 만드세요. 어떨 때는 강아지가 왼쪽에 있을 때, 어떨 때는 오른쪽에 있을 때 앉으라고 신호를 보내세요. 강아지가 여러분을 마주 보고 있을 때도 신호를 보내 보고, 순식간에 익숙해졌다면 강아지가 여러분을 등지고 있을 때도 신호를 보내 보세요. 성공한다면 앉기 마스터 레벨로 넘어가는 것입니다!

어떤 훈련을 하더라도 강아지가 힘들어한다면 세 가지 D 중에서 하나 이상을 낮추세요. 단계를 높이고 싶다면 세 가지 D 중 하나를 높이면 됩니다. 살짝만요. 욕심내지 마시고요!

'앉기' 보증하기

"훈련소에서는 잘하는데, 집에서는 절대 안 해요." 제가 훈련소에서 보호자분들께 자주 듣는 말입니다. 이것은 행동 보증 과정을 거치지 않았기 때문입니다. 훈련을 보증한다는 것은 어떤 경우든지 여러분이 주는 모든 신호에 능숙하고 확실하게 반응하도록 하는 것입니다.

한 군데서만 연습하지 마세요. 여러분의 훈련을 일반화해서 최대한 안정적이며 가치 있는 것으로 만들려면 다양한 장소에서 연습해야 합니다. 창의력을 발휘하세요. 여러분의 발목을 잡는 것은 오직 상상뿐입니다!

강아지를 앉는 기계로 만드세요! (안는 기계도 좋겠지만요.) 여러분이 앉으라고 하면 강아지가 앉는다는 데에 돈을 걸 수 있을 정도가 되면, 점점 더 현실적인 시나리오가 담긴 행동으로 옮겨 보세요. 예를 들면 다음처럼 말입니다. 초인종이 울리면 / 여러분은 강아지와 함께 현관으로 갑니다. (일단 리드줄을 장착한 채로) / 여러분이 문을 열면 / 방문객이 와 있습니다. / 강아지에게 '앉아'라고 말합니다. / 강아지가 앉아서 가만히 있습니다. / 방문객이 들어오면 강아지 눈높이에서 강화하기 위해 몸을 숙이고 '안녕'이라고 합니다(몸을 숙이고 강아지 눈높이에서 인사하는 것은 강아지가 뛰어오르지 않도록 하려는 것이므로 초기 세션에서 아주 중요합니다).

자동 앉기 가르치기
앉는 자에게 복이 있나니!

우리는 강아지가 이렇게 생각했으면 합니다.

🐾 어쩐지 의구심이 생기면 '앉자'
🐾 왠지 나한테 뭔가를 줄 것 같으면 '앉자'
🐾 어떻게 해야 아빠가 간식을 주실까? 그래, '앉자'
🐾 할머니가 나에게 인사하게 하려면? '앉아야지!'

자동 앉기 훈련하는 법

먼저 간식으로 강아지의 머리를 위쪽으로 유인한 다음, 엉덩이가 바닥에 닿으면 '옳지'라고 말한 후 간식을 주며 앉기 훈련을 합니다. 숙달될 때까지 이 과정을 몇 번씩 반복합니다.

앞에서와 마찬가지로 위쪽을 보게 합니다. 강아지의 엉덩이가 바닥에 닿기 직전에 '앉아'라고 말한 다음 강아지가 앉으면 '옳지' 하고 앞에서처럼 간식을 줍니다.

1. 1단계를 이틀 동안 하루 세 번씩 완벽하게 해냈다면 3단계로 넘어갑니다.
2. 간식 다섯 개를 준비합니다. 강아지를 앉힐 준비를 하고 '앉아'라고 말합니다. 앉으면 간식을 바닥으로 굴려서 강아지가 달려가서 가지고 돌아오도록 강화합니다.
3. 강아지가 돌아오는 즉시 '앉아'라고 한 다음에, '옳지'로 마크하고 위에서 처럼 간식을 바닥에 굴려 줘서 강화합니다. 몇 번 반복한 후 강아지가 돌아와 가만히 서

있을 때, 강아지가 마지막으로 본 여러분의 모습에서 자세를 크게 바꾸지 않은 채로 이번에는 '앉아'라는 말을 하지 마세요.

이제 강아지가 생각하는 모자를 써야 할 시간입니다…. '왜 엄마가 간식을 안 굴려 주지? 어떻게 해야 엄마가 간식을 굴려 줄까? 아까 뭐 때문에 간식을 굴려 줬더라…. 아, 맞다!' 강아지가 엉덩이를 바닥에 대자마자 '옳지' 하고 간식을 준 뒤, 강아지가 돌아올 때까지 기다렸다가 위의 과정을 다시 반복합니다.

4. 이제 거리로 나갈 때가 왔습니다. 다른 사람들에게도 위의 모든 단계를 해 달라고 부탁해 보세요. 계속 성공한다면 다른 곳에서도 시도해 보세요. 주의분산 요소도 넣어 보세요. 더 오랜 시간 동안 뜸 들이세요(강아지가 앉는 타이밍과 여러분이 '옳지'라고 말하는 타이밍 사이의 시간 말이지요).

아주 많은 장소에서 자동 앉기를 연습해서 강아지가 어떤 행동을 해야 자신에게 이로울지 의구심을 품을 여지가 없도록 하세요.

🐾 사례 연구: 정말로 앉아 있게 되었어요! 🐾

잉글랜드의 국가대표 축구선수로 다방면에 재능이 많은 시오 월컷$^{Theo\ Walcott}$과 그의 반려견, 아름다운 검은색의 저먼 셰퍼드인 디젤과 함께 했던 훈련 세션을 기억합니다. 시오는 디젤에게 훈련시키고 싶은 것이 많았습니다.

1. 사람들에게 인사할 때 뛰어오르지 않기
2. 먹이 주는 사람을 핥으려고 하지 않기
3. 물건 가져오기 놀이를 할 때, 사람이 테니스공을 집으려고 하면 던져 주기 수월하도록 그 공은 물어오지 않기
4. 공원을 떠날 때는 다른 개와 노는 중이더라도 바로 자리를 뜨기

이전에 디젤에게 주던 (실패한) 신호는 다음과 같았습니다.

🐾 사람들에게 인사할 때 뛰어오르지 않기

　신호: '안 돼'

🐾 먹이 주는 사람을 핥으려고 하지 않기

　신호: '하지 마'

🐾 물건 가져오기 놀이를 할 때, 사람이 테니스공을 집으려고 하면 그 공은 물어오지 않기

　신호: '저리 가'

🐾 다른 개와 노는 중이더라도 공원을 떠날 때는 바로 가기

　신호: '이리 와'

디젤에게 준 신호는 겨우 네 개뿐이지만, 그걸 제대로 익히게 하려면 아주 많은 훈련 시간이 필요합니다. 솔직히 말해서 저는 '안 돼', '하지 마', '저리 가'라는 신호를 별로 안 좋아합니다. 이 신호들은 보호자가 진짜 원하는 게 뭔지 말해 주지 않습니다. 너무 모호한 요청이라서 보호자가 원하는 행동이 뭔지를 알아차리기가 거의 불가능하지요.

강아지에게 신호를 줄 때는 언제나 그 행동이 어떻게 보이는지부터 파악해야 합니다. 여러분이 본능적으로 강아지에게 '안 돼', '하지 마', '저리 가'라고 말할 법한 상황 하나를 떠올려 보세요. 그 상황의 시나리오를 자신에게 설명해 보세요.

그리고 문장이 '안 했으면 좋겠어.'라는 식으로 끝난다면 멈춰야 합니다!

뭔가를 '안 하는' 것은 행동이 아닙니다.

- 🐾 손님에게 뛰어오르지 않기
- 🐾 음식이 담긴 그릇에 뛰어들지 않기
- 🐾 음식 가로채지 않기
- 🐾 공 잡아 오지 않기
- 🐾 다른 개와 함께 뛰어가 버리지 않기

'않기'로 끝나는 것은 우리가 강아지에게 신호로 줄 수 있는 실질적인 행동이 아닙니다. 왜 그럴까요? 죽은 개 테스트를 통과하지 못했기 때문입니다.

죽은 개 테스트

죽은 개가 할 수 있는 것이라면 여러분이 신호를 줄 수 있는 행동이 아닙니다. 예를 들어, 죽은 개가 여러분에게 뛰어들지는 않겠지요. 죽은 개는 음식을 낚아채지도 않을 겁니다. (만일 그런다면 좀비 개입니다. 도망치세요!)

제가 말하고자 하는 건 단순합니다. 언제나 개에게 하지 않았으면 하는 행동이 아니라, 했으면 하는 행동을 요구하세요. 훨씬 확실하게 훈련할 수 있습니다.

그럼, 다시 시오와 디젤의 훈련 딜레마로 돌아가 보겠습니다. 저는 단순한 삶을 추구하기 때문에 저 스스로와 고객에게 항상 이렇게 묻습니다.

1. 좀 더 간단하게 한다면 어떻게 할 수 있을까?
2. 다른 모든 과제를 대체할 수 있는 하나의 과제는 없을까?

이 사례에 대한 답은 쉽게 나옵니다. 이번 장의 제목이 단서죠.
그건 바로, '앉아'입니다.

🐾 사람들에게 인사할 때 뛰어오르지 않기

좋습니다. 디젤의 엉덩이가 바닥에 닿을 때만 사람들에게 인사하도록 합시다. 그러면 '앉아'는 행동이고, 이어지는 '안녕'이 강화됩니다.

🐾 먹이 주는 사람을 핥으려고 하지 않기

좋아요. 디젤의 음식을 준비하고 내려놓을 때는 앉으라고 하세요.

🐾 물건 가져오기 놀이를 할 때나 사람이 테니스공을 집으려고 할 때 '사람'에게 뛰어오르지 않기

공을 집어 올리기 전에 앉으라고 하세요. 만일 디젤이 여러분과 동시에 공을 향해 돌진한다면, '지속시간을 늘려서 앉기'를 연습해야 합니다. (88페이지의 세 가지 D 참조)

🐾 다른 개와 노는 중이더라도 공원을 잘 떠날 수 있도록 하기

멀찍이 떨어져서 앉아 있다가, 다가가서 리드줄을 착용시킨 다음 칭찬을 듬뿍하며

강화합니다. 이따금 디젤을 다시 풀어 주고 '가서 놀아!'라고 말하며 앉기를 강화합니다. 개는 앉는다고 해서 항상 놀이를 끝내야 하는 건 아니라는 것을 배우게 되고, 여러분을 영원히 사랑하게 될 겁니다.

당연히 시오, 디젤과 함께 여러 장소와 환경에서 앉기 훈련을 아주 아주 아주 많이 했습니다. 그에 더해 지속시간, 주의분산, 거리두기 훈련을 정말 다양하게 교정해서 앉기 보증까지 해야 했습니다. 세계적인 스포츠 스타들은 반려견 훈련에 할애할 시간이 많지 않았기에 쉽지 않은 일이었습니다. 하지만 시오는 훌륭하게 훈련에 임했고, 무엇보다 훌륭했던 것은 모든 훈련이 앉기라는 기본 자세를 중심으로 이뤄졌다는 점이었습니다.

유명한 무술가 이소룡은 "발차기를 천 번 한 사람은 두렵지 않지만, 한 가지의 발차기를 천 번 한 사람은 두려워할 만하다."라고 말한 적이 있지요.

별로 안 유명한 반려견 훈련사 스티브 만은 이렇게 말합니다. "천 가지의 과제를 연습한 강아지는 믿을만하지 않아도, 하나의 과제를 천 번 연습한 강아지는 믿을만하다."

07
입질 교육

강아지 이빨의 간략한 역사

강아지 이빨은 발달상 '과도기 transitional stage'에 해당하는 생후 약 2~3주에 나오기 시작합니다. 이 중요한 시기에는 많은 일이 일어나지요. 귀가 열리고 눈이 뜨이며, 어미에게 전적으로 의존하는 것에서 벗어나 스스로 움직이기 시작해 21일경이 되면 걷기 시작합니다. 강아지들은 움직일 수 있게 되자마자 주변을 탐색하기 시작하고, 이때부터 형제들과 온갖 장난도 치기 시작합니다.

강아지는 이제 노는 법을 배우고, 세상을 탐색하고, 뭔가가 죽은 건지, 아니면 살아 있는 건지 알아내는 법까지 배우기 시작합니다. 그래서 이런 사실 확인 임무를 수행하기 위해 날카롭고 뾰족한 이빨이 필요한 것입니다.

이 시기의 강아지는 턱에 힘이 별로 없어서 필요한 반응과 정보를 세상으로부터 얻으려면 이빨이 매우 날카로워야 합니다. 생후 12주가 지나서 강아지의 턱이 강해지면, 아래에서 초조하게 기다리고 있던 42개의 영구치에 의해 유치가 밀려 나오기 시작합니다(18주경이 되면 여러분은 집안을 돌아다닐 때 제일 두꺼운 양말을 신어야 할 겁니다. 바닥에 떨어져 있는 강아지 이빨을 밟으면 레고는 마시멜로처럼 느껴질 테니까요). 그러니 입질에 대해 알아보기 전에, 강아지의 입안에는 많은 일이 일어나고 있다는 것을 염두에 두도록 하세요.

입질 교육

놀면서 깨무는 건 아프지요. 저도 그 고통은 이해하지만, 영원히 지속되는 건 아닙니다. 깨물기 놀이를 하는 것은 강아지 교육의 일부입니다. 강아지에게는 배움의 기회이고, 여러분에게는 가르칠 기회가 되지요. 강아지들이 이렇게까지 귀엽지 않았다면 이 모든 상처를 용서할 수 없었을 거예요! 그래도 요 작은 육지 상어들이 수없이 손, 무릎, 코 등을 파고드는 행위를 바로잡기는 해야 합니다.

깨물기 놀이를 최소한으로 줄이는 방법은 다음과 같습니다. 여러분의 강아지가 깨물기 놀이를 좋아한다면 첫 번째 규칙은 강아지가 지나치게 흥분했을 때는 건드리지 않는다는 것입니다. 그렇게 하면 모두가 낭패를 보게 됩니다. 흥분했을 때는 학습이 되지 않을뿐더러 강아지가 자신을 건드리지 않았으면 할 때 여러분이 안아 올리면 물 수도 있습니다. 그러면 여러분은 강아지를 내려놓게 될 것입니다. 이렇게 되면 강아지는 무엇을 배우게 될까요? 무는 게 통한다는 걸 배우겠죠!

강아지가 편안한 상태일 때 쓰다듬어 주고, 장난감을 가지고 가볍게 놀아 주고, 맛있는 간식을 손으로 준다면 '영장류의 손은 훌륭해. 저리 가라고 하지 말고, 함께 있을 때 즐겨야겠다.'라는 식으로 강아지 계좌에 신용도가 차곡차곡 쌓일 것입니다.

강아지가 규칙을 잊고 자기 이빨을 사람의 피부 같은 곳에 갖다 대면 그 즉시 '안 돼'라고 말하며 자리를 뜨세요.

다시 한번 강조하지만, 강아지는 사람과 마찬가지로 자신이 한 행동의 결과를 통해서 학습합니다. 문다고 해서 강아지에게 소리를 지르거나 코를 툭툭 두드리는 등 나쁘게 대해서는 안 되지만, '좋은 것'을 멈추거나 없앰으로써 그다지 좋지 않은 결과로 이어지게 할 수는 있습니다. 이 시나리오에서는 여러분이 '좋은 것'의 공급자입니다. (축하합니다!)

따라서 교훈은 다음과 같습니다. 적절한 상호작용 = 여러분과 '좋은 것'이 강아지와 함께 있는 것이고, 부적절한 행동(즉, 무는 것) = 여러분이 사라지는 것이죠.

그러니 간단하게 2~3분만 방에서 잠시 자리를 비우세요. 돌아오면 가볍게 상호작용을 다시 시작할 수 있습니다. 이때, 여러분의 손 대신에 물 수 있는 매력적인 제3의 물건으로 부드러운 봉제 인형 같은 장난감을 사용하는 것도 좋은 방법입니다!

충분히 일관되게 반복한다면, 강아지는 보상이 주어지는 행동을 취하는 법을 익히게 될 것입니다. 그러면 좋은 일을 사라지게 만드는 (무는 것과 같은) 행동은 더 이상 하지 않게 되지요. 이때 호통을 치는 듯한 감정이나 태도는 절대 취하지 말고, 사무적인 방식으로 해야 합니다.

스트레스받지 마세요. 정상적인 과정입니다. 아프지만, 결국 그만두게 될 겁니다. 물론, 하룻밤 사이에 좋아지지는 않습니다. 훈련은 한 번 일어나고 끝나는 이벤트가 아니라 과정이니까요. 강아지를 믿어 주세요!

씹기

Q: 씹는 장난감을 언제쯤 안 씹게 될까요?
A: 강아지가 더 씹기 좋은 것을 찾을 때요!

강아지가 씹는 이유에는 두 가지가 있습니다. 이가 날 때, 그리고 탐색할 때입니다. 두 가지 행동 모두를 이해하고 인정해 주어야 합니다. 이 행동에 대해 단순히 소리를 지르거나 강아지를 야단치면 강아지를 속상하게 하는 것밖에 얻는 게 없으니까요.

이빨이 날 때

아기들이 이가 날 때 고통스러워하는 걸 본 적 있나요? 아기들은 작은 입에서 20개의 이가 돋아나는 걸 감당하려고 애쓰면서 스트레스와 불안으로 계속 울지요. 글쎄요, 강아지가 겪는 고통이 그 두 배라면 여러분은 이해할 수 있게 되겠죠. 42개의 영구치가 나오려고 시동을 걸기 시작하고, 이제 필요 없어진 유치를 밀어내는 데 필요한 추진력을 갖추면서 강아지가 겪는 압박감을 말입니다. 이 시기 강아지는 그다지 즐거운 경험을 하면서 산다고 할 수 없습니다. 그리고 강아지는 얼마나 심한 고통을 겪고 있는지 여러분에게 말할 방법이 없다는 것도 생각해 보세요.

씹는 것은 강아지에게 두 가지 이점이 있습니다.

1. 고통을 완화하는 데 도움이 됩니다.
2. 유치가 잘 빠져나올 수 있도록 만드는 데 도움이 됩니다.

우리가 씹기라고 부르는 이것을 더욱 공감 어린 표현으로 바꾸면 통증 완화라고 할 수 있겠습니다. 무엇이든 씹으려고 하는 것은 강아지가 하는 완전히 정상적인 행동입니다. 강아지가 씹을 때면 좋은 엔도르핀이 뇌에 분비되어 느긋하게 긴장을 풀고 스트레스를 해소하는 데 도움이 됩니다. 어떤 사람은 스트레스를 받으면 손톱을 물어뜯기도 합니다. 따라서 가구를 깨무는 건 지극히 정상적인 행동이랍니다. 유감스럽지만요!

탐색

강아지가 소파를 깨물게 만드는 또 다른 동기로는 탐색이 있습니다. 모든 아기는 넓은 세상에 익숙해지기 위해 최대한 많이, 최대한 빨리 탐색해야만 합니다. 아기들의 경우 손을 뻗어서 건드릴 수 있는 건 모조리 건드려 봅니다. 강아지에게는 손과 같은 신체 기관이 없으므로(있다면 얼마나 이상해 보일까요?), 입과 이빨로 열심히 모든 것을 탐색해야 합니다. 정말로 모든 것을 말이지요!

씹기 개선하기

여기서 우리가 할 일은 씹는 것을 멈추게 하는 것이 아닙니다. 강아지에게는 하루에 4시간씩 뭔가를 씹을 수 있는 권리를 줘야 한다는 사실을 받아들이세요. 여러분이 결정해야 할 것은 '씹게 둘 것이냐, 말 것이냐'가 아니라 '무엇을 씹게 할 것이냐'입니다. 그러므로 우리가 할 일은 씹어도 되는 것을 씹을 수 있는 시간을 매일, 되도록 많이 주는 것입니다.

씹기 부적합한 것	씹어도 되는 것
케이블	간식이 들어 있는 콩 장난감
카펫	밧줄 장난감
사람!	닐라본
테이블	개껌
벽	적절한 장난감
스톤 로지스 Stone Roses의 음반	베리 매닐로우 Barry Manilow의 음반

우리는 두 가지의 장기적인 대처방안을 채택할 것입니다. 바로 관리와 통제(이제는 뭔지 아시겠죠?), 그리고 씹을 수 있는 대체물을 제공하는 것이죠. 씹는 것과 관련해서 관리와 통제를 한다는 것은 단순히 강아지에게 바람직하지 않은 행동을 할 만한 기회를 주지 않는다는 뜻입니다. 예를 들어 강아지가 씹으면 안 되는 물건이 있는 공간에는 강아지를 혼자 두지 않는다는 것입니다.

🐾 강아지가 가구를 물어뜯을 때 아무도 보고 있지 않았다면, 보호자의 잘못입니다.
🐾 강아지가 전선을 물어뜯을 때 아무도 보고 있지 않았다면, 보호자의 잘못입니다.
🐾 강아지가 벽을 물어뜯을 때 보고만 있었다고요? 보호자가 문제네요!

요컨대, 강아지가 씹으면 안 되는 것을 씹어 보게 (그래서 강화되도록) 놔두지 마세요. 강아지를 지켜보고 있을 시간이 없다면 은신처에 들어가 있도록 하세요. 은신처에 마법사가 다녀갔는지 확인할 겸 말이지요(은신처 마법사를 벌써 잊었다면 2장을 참고하세요).

그리고 언제나 자유롭게 깨물어도 되는 것을 가져다 놓으세요. 강아지에게는 씹고 싶은 욕구가 (그리고 권리가) 있지만, 여러분의 철저한 통제와 관리, 그리고 적당한 대체물이 여러 개 있다면 여러분의 지미 추 Jimmy Choo 신발이 지미 츄Jimmy Chew(개껌)가 되는 것을 막을 수 있습니다.

긍정적 방해음

믿고 싶지 않지만, 가끔은 강아지가 원치 않는 행동을 하는 걸 발견할 때가 있습니다. 그렇죠? 저도 그런 순간이 있습니다. 가령 하루 종일 강아지를 쫓아다니다가 저녁 8시가 되어서 TV를 보려고 자리에 앉아 10분 동안 혼자만의 시간을 가지려고 할 때 말입니다. 그때 바닥에 엎드려서 눈치를 살피던 강아지가 여러분이 한숨 돌리려고 하는 순간, 부엌에 있는 식탁 다리로 어슬렁어슬렁 걸어가는 것을 보게 될 수 있습니다. (이럴 때면 죠스 테마곡이 들리는 듯합니다. 두둥, 두둥) 강아지는 장엄한 식탁 다리의 냄새를 살짝 맡은 다음 (두둥, 두둥, 두둥), 살포시 작은 입을 다리에 대고 잘근잘근 씹기 시작합니다. 다다다!

지금은 강아지에게 쫓아가서 정신 차리라고 할 때가 아닙니다.

이건 강아지의 잘못이 아닙니다.

절대 아니에요.

강아지는 강아지들이 씹어도 될 만한 것을 씹어야 합니다.

지금이야말로 반려견 훈련사들이 말하는 조건부 '긍정적 방해'를 써야 할 때입니다. '도대체 그게 무슨 말이지?'라는 소리가 들리는 것 같군요.

당황하지 마시고 잘 들어 보세요!

긍정적 방해음이 도대체 뭐냐고요?

강아지의 관점에서 긍정적인 방해음이란 매우 특별한 소리로, 강아지들은 이 소리를 들을 때마다 하던 일을 멈추고 소리가 나는 곳으로 곧장 달려갑니다. 거기에 가면 좋은 일이 생길 테니까요!

보호자의 관점에서 긍정적인 방해음이란, 보호자가 원할 때면 언제든 강아지가 하던 일을 멈추고 더 건설적이고 적합한 일을 하도록 만드는 다정한 소리입니다.

예를 들면 다음과 같습니다.

1. 강아지가 가구를 물어뜯으러 간다.
2. 보호자가 긍정적 방해음을 낸다.
3. 강아지는 즉시 하던 일을 잊고 보호자에게 달려간다.
4. 보호자는 강아지에게 간식을 준 다음 씹어도 괜찮은 장난감을 준다.

그렇다면 긍정적인 방해음이 단순히 '안 돼', 또는 '그만'이라고 하는 것보다 더 좋은 이유는 무엇일까요?

우선, 처벌을 위해 '안 돼'라고 말하는 것은 강아지에게 무엇을 해야 하는지 알려 주지 못합니다. 처벌로서 '안 돼'를 사용하면 보호자와 함께 연상이 되기 때문에 보호자와 관계가 나빠집니다. 강아지는 겁을 먹고,

우리는 기분이 상하지요. 게다가 우리는 아주 현명한 사람들이니까 강아지의 바람직하지 못한 행동을 막겠다고 신체적 또는 심리적인 위협에 의존하지 않을 수 있습니다. 그렇지 않나요?

결정적으로 '안 돼' 혹은 '그만'이라고만 말하면, 강아지는 보호자가 없을 때는 나쁜 벌을 받지 않으니 가구를 깨물어도 괜찮다는 것을 배우게 됩니다!

긍정적 방해음을 초강력 머슬 메모리Muscle Memory로 만들기

짧고 간결한 소리를 선택하세요. '뽀뽀'나 '야호!' 아니면 '만세!'처럼 화내면서 사용하기 힘든 단어가 좋습니다. 그런 다음 해당 소리가 아주 강한 긍정적 감정반응을 불러일으킬 수 있도록 여러 차례 '짝'을 지어 주세요. 어떻게 하면 될까요?

1. 강아지를 여러분 옆에 두세요.
2. '만세!'라고 말하고 1초 안에 맛있는 간식을 대접합니다.
3. 며칠 동안 다양한 장소에서 여러 번 반복합니다.
4. 정확하게 충분히 반복했다면, 강아지는 그 소리를 들을 때마다 하던 일을 멈추고 보호자에게 달려갈 수밖에 없을 겁니다.
5. 소리에 길들일 때는 꼭 소리를 먼저 낸 다음에 간식을 줘야 합니다. 소리가 나기 전에는 간식이 눈앞에 보이지 않아야 합니다. 소리로 간식이 나올 것을 예측하는 것이지, 그 반대가 아닙니다.

'강아지 문제'로 보호자를 도울 때면 어떨 때는 단순히 증상만 해결하면 끝나는 문제도 있지만, 조금 더 파고들어 원인을 해결해야 할 때도 있고, 때로는 둘 다 해결해야 할 때도 있습니다. 증상은 강아지들이 하는 행동이고, 원인은 이런 행동을 하는 이유에 대한 것입니다.

예를 들어 강아지가 전형적인 이갈이 문제로 가구를 깨문다면, 저는 이 증상을 직접적으로 해결합니다. 가구에 대한 접근을 통제하고, 씹을 수 있는 좋은 것들을 충분히 제공하기만 하면 됩니다.

반면, 보호자와 간단한 상담을 했는데 강아지가 별다른 할 일이 없어서 깨무는 것 같다는 생각이 들면 원인을 해결합니다. 원인은 지루하거나 하루 종일 신체적, 정신적 발산이 부족해서일 경우가 많습니다. 우리는 깨무는 습관을 정면으로 다루기보다는, 더 전체적인 접근 방식을 취해 라이프스타일과 매일의 루틴을 구축함으로써 그 원인을 없애는 것을 목표로 합니다. 이러한 루틴에는 게임, 훈련, 냄새 맡기를 비롯해 매일 강아지들이 즐길 수 있는 흥미로운 활동들이 있습니다. 강아지들의 놀이에 대한 욕구를 충족시켜서 '그냥 재미로' 가구를 깨문다는 생각이 사라지게 됩니다.

🐾 사례 연구: 머스터드 소스로 해결이 될까요? 🐾

20년쯤 전에 저는 토트넘에 사는 한 남성의 집에 방문 요청을 받았습니다. 그의 말에 따르면, 보더콜리 강아지가 집을 먹어 치우고 있다고 하더군요. 제가 도착하자 그분은 현관문 앞에서 활짝 웃으며 저를 맞이했습니다. 그러면서 "아이고, 반려견 훈련사님이시군요. 이제 괜찮아요. 저희가 해결한 것 같습니다!"라고 말했습니다. 과연 그럴까요?

아니요, 해결한 게 아니었습니다. 그분이 한 일은 집의 벽과 가구 대부분을 머스터드로 칠한 것이었습니다. 머스터드요! 냄새가 지독했고, 눈물까지 났습니다. 머스터드 대령이 머스터드 방에서 머스터드 병에 맞아 죽은 것 같은 광경이었습니다. 팟캐스트 '내 짝이 생각한 것my mate reckons'의 주제로 딱이었죠.

보호자: "공원에서 개에 대해 잘 아는 친구가 머스터드를 한번 발라 보라고 했어요."

나: "글쎄요, 개에 대해 잘 알지는 몰라도 인테리어 디자인에 대해서는 잘 모르는 친구네요. 그렇죠?"

머스터드를 모두 닦아 낸 다음, 우리는 이렇게 했습니다.

1. 정신적, 신체적 발산: 보더콜리 강아지가 하루를 보내며 그냥 심심해서 깨무는 일이 없도록 정신적, 신체적 발산이 충분히 이루어질 수 있는 계획을 세웠습니다. 정기적인 산책으로 강아지에게 탐색할 기회를 제공하여 발산할 수 있고, 정원에서 간식과 장난감 찾기 놀이를 하거나 짧은 훈련을 진행하는 방법도 있습니다. 또한 상호작용할 수 있는 콩 장난감을 통해 안전하게 씹을 수 있는 기회를 제공해야 합니다.

2. 통제 및 관리: 강아지가 집에 있을 때 계획을 실행했습니다. 강아지는 가족 중 누군가

가 지켜보고 있거나, 그게 불가능하다면 편안히 쉴 수 있는 근사한 장소라고 가르쳐 놓았던 은신처에 있어야 했습니다.

3. **대체물과 마음껏 깨물어도 되는 장난감을 충분히 제공**: 질긴 고무나 플라스틱처럼 씹었을 때 딱딱한 질감을 선호하는 강아지도 있지만, 부드러운 고무나 털이 수북한 장난감을 좋아하는 경우도 있습니다. 작은 조각들을 삼키는 일이 없도록 잘 지켜보고, 변화하는 요구 사항과 새로움에 대한 욕구를 충족시킬 수 있도록 다양한 질감을 제공해야 합니다.

이 이야기의 교훈: 아무리 강아지의 깨무는 습관이 고약해도, 머스터드는 절대 해답이 될 수 없습니다!

08
사회화

인간으로서 우리는 강아지를 우리 세계로 데려와 우리 방식에 따라 우리 공간에 살게 하면서 많은 것을 요구합니다. 우리는 최소한 강아지가 안전하다는 느낌을 받을 수 있게 만들고, 함께 살고 있는 이 이상한 세상을 즐길 수 있도록 도와줘야 합니다. 보호자와 강아지가 함께하는 이 경험을 최대한 즐기기 위해서 가장 중요한 것은 사회화입니다.

거창한 단어 같지만 간단한 개념입니다. '사회화'란 강아지의 삶에 가능한 한 빨리 다양하고, 긍정적이고, 안전하고, 즐거운 경험을 많이 만들어 줘서 강한 '사회적' 면역력을 키워주고, 나중에 무섭고 놀랄 만한 경험을 피할 수 있도록 하는 것입니다. 사회화가 잘 된 개는 비정상적인 상황에서도 '환경적인 폭탄'을 견뎌 낼 수 있습니다. 게다가 (군견, 경찰견, 안내견, 보조견, 반려견 연구를 통해서) 거듭 밝혀진 바가 있듯이, 어릴 때부터 다양한 사회화를 경험한 개가 더 건강하고, 행복하며, 훈련하기도 쉽습니다. 따라서 함께 살기 더 수월해지는 것이지요.

그러면 강아지 사회화를 시작하기 가장 좋은 시기는 언제일까요? 바로 지금입니다! 믿거나 말거나, 이 시기 강아지들은 무엇을 하는지보다 어떻게 느끼는지가 훨씬 더 중요합니다. 우리는 보호자 또는 훈련사로서 '앉아', '엎드려' 같은 좋은 행동을 가르치는 것에 발목이 잡힐 때가 있습니다. 강아지가 주변 세상과 좋은 관계를 맺을 수 있도록 돕는 데 시간을 집중하는 대신에 말이지요. 순종하는 것보다는 강아지가 안전한 것이 훨씬 더 중요하다는 교훈을 잘 기억하세요.

물론 저는 이 책 전반에 걸쳐서 강아지에 대해 최대한 빨리 배울 수 있도록 여러 예시를 써 두었습니다. 하지만 강아지가 안전하고 안심이 된다고 느끼지 않는다면, 여러분이 훈련에 투자해 둔 것을 써먹으려고 할 때 쓸 수가 없게 되어 버릴 겁니다. 강아지가 안전하고, 행복하며, 모든 환경에서 자신감을 느껴야 비로소 그것을 바탕으로 수월하게 훈련할 수 있습니다. 불안하거나 불안정한 강아지가 같은 경험을 할 때와 비교했을 때 말이지요.

급하다고 바늘 허리에 실을 매어 써서는 안 되겠지요. 우선순위를 가늠해 보세요. 멋진 묘기를 가르칠 시간은 (정말 꼭 해야겠다면) 몇 년씩 있지만, 강아지가 자신감 넘치는 낙관적인 성견이 될 수 있도록 가르칠 시간은 고작 몇 주뿐입니다.

지금 시작하세요.

가장 중요하고 소중한 시기는 생후 3주에서 12주 사이입니다. 사회화는 강아지의 일생 동안 계속되는 과정이지만, 강아지가 성숙함에 따라 긍정적인 노출의 효과는 날로 감소합니다.

그럼, 강아지의 탄생으로 거슬러 올라가 보겠습니다. 강아지가 세상에 나온 순간부터 생후 약 2주까지를 '신생아기'라고 합니다. 이 시기의 강아지는 대체로 축축하고 털이 많은 굼벵이에 불과하다고도 말할 수 있지요! 이 시기에는 거의 모든 에너지가 성장에 쓰이기 때문에 강아지는 약 90%의 시간을 자면서 보냅니다. 깨어 있는 건 오로지 후각, 미각, 촉각뿐입니다. 이 감각들은 먹이를 얻고, 포근함을 느끼고, 보호받기 위해서 엄마를 찾는 데에 필요합니다. 나머지는 나중을 위해서 기다릴 수 있습니다. 참 괜찮은 삶 아닌가요! 다시 태어나면 신생아 강아지로 태어나고 싶네요.

다음 단계는 2주에서 4주 사이의 '과도기'입니다. 눈과 귀가 열리기 시작합니다. 생후 15일쯤이면 일어설 수 있으며 일주일 후에는 (비록 술 취한 것처럼 보이기는 해도) 걸을 수 있습니다. 강아지는 엄마에게 전적으로 의존하던 것에서 벗어나 돌아다니기 시작하고, 놀이가 시작되며, 이빨이 나기 시작합니다.

세 번째는 3주에서 12주 사이로, '사회화 시기'라고 알려져 있습니다. 이 단계는 3주에서 5주 정도에 걸쳐 엄마와 같은 배에서 나온 형제자매들, 그리고 주변 환경과 함께하는 '1차 사회화'로 구성됩니다. 강아지가 놀이를 비롯한 상호작용을 통해 형제자매들과 엄마와 함께 긍정적인 유대 관계를 구축하는 시기입니다. 강아지가 태어나서 생애 초기에 자라게 되는 환경으로는 다양한 광경, 소리, 질감, 냄새에 많이 노출되고 접할 수 있어서 사회화 과정을 바로 시작할 수 있는 곳이 이상적입니다.

그런 다음 새로운 집과 외부 세계의 여러 사람과 물건에 노출되는 '2차 사회화'가 시작됩니다. 아마도 강아지는 생후 7~8주까지 브리더와 함께 지냈을 것입니다. 집으로 데려올 때쯤이면 강아지들은 일반적으로 형제자매들로부터 어느 정도 독립하고, 엄마 강아지는 새끼들을 돌볼 의욕이 떨어지기 시작하므로 자연스레 새집에 강아지를 맞아들일 시기가 됩니다.

가능한 한 빨리 강아지와 함께 밖으로 나가 최대한 여러 환경을 돌아다니며 세상이 괜찮은 곳이라는 걸 배우고 경험하도록 해 주세요. 이런 일은 저절로 일어나지 않습니다. 여러분이 약간의 노력을 기울여야 하긴 해도 여러분과 강아지 모두에게 즐거운 일이 될 수 있으며, 또 즐거운 일이 되어야만 합니다.

사회화는 시급한 문제입니다. 저는 멜로드라마는 좋아하지 않지만, 이것이 정말 말 그대로 죽고 사는 문제가 될 수도 있기 때문입니다. 많은 강아지가 날마다 '행동' 문제로 안락사당하고 있습니다. 이에 대한 윤리는 다음 기회에 다른 책에서 따로 다룰 만한 사안인데, 사실을 말하자면 사회화가 잘 되어 있고 사랑받으며 훈련된 가족견은 그 끔찍한 예약 목록에 오르게 될 일이 거의 없다고 할 수 있습니다.

이제 사회화가 왜 중요한지, 언제 시작해야 하는지 여러분이 이해하셨기를 바라며 이제 '어떻게' 해야 하는지 이야기해 보겠습니다. 강아지가 12주도 되기 전에 세상 모든 것에 노출한다는 건 꽤 힘든 일이지만, 대신 여러분이 한 만큼 강아지를 대하기 더 쉬워지고 강아지에게도 더 유익합니다.

해야 할 일이 많으니 사회화의 목표를 두 가지 그룹으로 나눠 보겠습니다. 바로 '환경'과 '사물'입니다. 환경은 '사물'로 가득 찬 장소이며, '사물'은 고급 훈련사들이 '자극'이라고 부르는 것을 말합니다. 자극이란 반응을 불러일으킬 수 있는 것을 말합니다. 강아지가 이러한 자극에 반응하는 방식은 강아지의 감정 및 사회화 정도에 따라 결정됩니다.

예를 들어 현관문을 노크하는 소리에 대한 강아지의 바람직한 반응은 친절한 방문객을 기대하며 꼬리를 흔드는 것입니다. 현관문을 노크하는 소리에 대해 바람직하지 못한 반응으로는 방문객을 적으로 인식해서 마구 짖으며 창밖으로 몸을 던지는, 등골 오싹한 에피소드가 있겠습니다.

그러면 우선, 환경에 관해 이야기해 봅시다.

환경별 노출 목록

여러분이 강아지와 함께 직접 작성할 수 있도록 몇몇 칸은 비워 두었습니다. 펜을 들고 지금 시작해 보세요!

환경	광경	소리	냄새	질감
슈퍼마켓 바깥	•회전문 •화물차 •트롤리	•자동차 브레이크 소리 •사람들의 말소리 •스피커에서 나오는 소리	•디젤 •베이커리 •향수	•도어매트 •아스팔트 •벽돌 담장
학교	•아이스크림 트럭으로 달려가는 아이들	•학교 종소리 •소리치는 아이들 •아이스크림 트럭의 차임벨 소리	•학교 쓰레기통 •아이스크림 •매연	•인조 잔디 •풀 •포장된 보도
가족과 함께 바비큐				
축구 경기				
노천시장				
반려동물 용품샵				

이 부분을 마무리하려면 개의 후각에 대한 설명이 필요합니다. 강아지가 코를 통해 세상을 어떻게 경험하는지 우리는 잘 알지 못합니다. 상상만 할 뿐이지요. 사람의 코에는 500만 개의 후각 수용체가 있지만, 개의 후각 수용체는 2억 2천만 개에 달합니다. 강아지는 소변의 아주 일부분도 냄새를 맡을 수 있고, 백만 가지의 물 냄새를 구분할 수도 있습니다.

여러분은 빵집에 들어가면 따끈한 빵의 사랑스러운 냄새에 취하지요. 맛있겠다! 하지만 강아지가 들어가면 밀가루, 물, 설탕, 향수, 바깥에 주차된 차, 배달 차의 매연, 손님들의 신발에 묻은 것, 아기 기저귀, 그날

아침에 한 손님이 피운 담배 냄새 등을 계속 맡을 것입니다. 이들은 늘상 쏟아져 들어오는 냄새를 마치 만화경을 보듯이 경험한다고 할 수 있겠습니다. 반면에 우리 유인원들은 들어가서 '음~도넛 냄새'라고만 말하지요. 그러니 강아지의 경험과 사회화에 있어 후각의 중요성을 절대 과소평가 하지 마세요.

이제 '사물'과 '자극'에 대해 알아보겠습니다.

강아지의 눈에 또렷이 보이는 '광경' 외에도, 사회화에서 마찬가지로 중요한 소리, 냄새, 질감도 당연히 항상 고려해야 합니다. 또한 시간도 고려해서 낮뿐만 아니라 밤에도 노출이 일어날 수 있도록 하세요.

사물/자극 노출 목록

사람	동물	질감
노인	강아지	모래
아이	개	물
시끄러운	목줄 있음	금속
조용한	목줄 없음	벽돌
활동적인 (달리는, 뛰노는)	정적인	종이
정적인 (앉아 있는, 책 읽는)	활동적인	뽁뽁이(에어캡)
국적	수컷	비닐봉지
옷의 종류	암컷	나무
알몸인	중성화 수술 O	타일
청소년	중성화 수술 X	고무
안경/선글라스	고양이	부드러운 것
성별	토끼	거친 것
유니폼과 모자	실내	날씨
낮	실외	바람

밤	닭	비
운송 수단	양	맑음
자동차	소	눈
화물차	새	천둥
버스	말	번개
열차(지상)	냄새	우박
열차(지하)	향수	높이
자전거	요리	(옆에서 지켜볼 것)
세발자전거	바비큐	담벼락
고카트	담배 연기	머리 위
트롤리	쓰레기통	다리(bridge) 위
스케이트보드	모닥불	다리(bridge) 밑
휠체어	자동차	아래로
지팡이	청소년	굽어보기

사람에게 사회화시키기

강아지가 사람들과 편안하게 어울리는 것도 당연히 중요하지만, 다른 한편으로는 강아지가 마치 자판기를 신나게 두드리는 어린아이처럼 마주치는 사람마다 마구 달려들지 않도록 하는 것 역시 중요합니다. 먹을 것을 현명하게 사용하세요.

정적인 사람들 여럿과 함께 있는 상황을 설정해서 간식을 줘야 할 때면 강아지가 '여러분'에게 간식을 받아 가도록 하세요. 그러면 강아지는 '다른 사람과 함께 있으면 좋은 일이 생긴다'라는 연상을 하게 될 뿐만 아니라, 생전 처음 보는 사람에게 발톱을 세우거나 달려드는 대신 보호자에게 계속 집중할 수 있습니다.

시작하기 전에 생각할 것

여러분이 할 일을 시작하기 전에 명심해야 할 것이 있습니다. 바로 사회화는 한 번으로 끝나는 이벤트가 아니라 과정이라는 것입니다. 이 단계에서 강아지와 함께하는 모든 활동은 유대감 형성을 위한 투자가 되어야 합니다. 강아지는 보호자가 자신을 무서운 환경에 빠뜨리지 않을 것이며, 약간 어려운 상황이 닥치더라도 보호자가 돌봐 줄 것이고, 언제나 지켜줄 거라는 믿음을 가져야 합니다. 그러면 강아지는 안정감과 자신감을 쌓을 수 있습니다. 든든한 내 편이 있어서 필요할 때 도움을 받을 수 있다는 사실을 안다면 누구나 더 기분 좋게 탐험할 수 있겠지요.

강아지와 함께 상점가에 산책하러 가거나 학교 주변으로 놀러 갈 때는 너무 급하게 바로 다가가지 마세요. 적당하게 안전한 거리를 유지해야 노출하기에 좋습니다. 강아지가 보고, 관찰하고, 소리를 듣고, 냄새를 맡을 수 있도록 그냥 두세요. 그리고 너무 부담을 주거나 강한 자극을 주지 않도록 하세요. 보호자는 적당한 거리를 두고 시작해서, 강아지의 자신감이 올라가면 거리를 점차 줄이는 것이 훨씬 낫습니다. 너무 가까이 다가갔다가 강아지가 나쁜 경험을 해서 후퇴하는 것보다는 말이지요. 이렇게 하면 20번 넘게 반복해야 할 수도 있던 일을 단번에 끝낼 수 있습니다.

여러분이 공원이나 가든 센터로 떠나기 전에 마지막으로 한마디 더 하겠습니다. 선택이라는 단어를 기억하는 것은 매우 중요합니다. 선택은 새로운 상황을 마주친 모든 이에게 아주 중요하지요. 제가 혼자 방에 있다가 이상한 상자를 발견했다고 칩시다. 언제든 뒤로 물러서는 선택을 할 수 있다는 걸 안다면 훨씬 더 자신 있게 앞으로 가서 그걸 살펴볼 수 있을 겁니다. 반면, 상자에 다가가고 있는데 유일한 출입구 문이 뒤에서 '쾅' 하고 닫히는 소리가 난다면 더 경계하고 조심하게 될 것입니다. 상황이 안 좋아졌을 때 탈출할 방법이 없다는 걸 알고 있으니까요.

이렇게 '탈출' 경로가 부족하면 탐험 속도가 느려집니다. 강아지는 이렇게 선택지가 부족하면 탐색하고 싶은 의욕이 떨어져서 사회화 과정이 늦춰지게 되지요. 시간이 중요하다는 걸 잊지 마세요. 그러면 강아지에게 선택의 여지가 있다는 걸 어떻게 알려 줄 수 있을까요?

안전한 곳에서는 가능하다면 리드줄을 꽉 잡지 않도록 하고, 강아지가 새로운 환경과 사물을 탐색할 때는 강아지의 움직임을 딱 잘라서 제한하지 마세요. 강아지가 구속이나 제약을 느끼지 않도록 하네스에 길고 가느다란 줄을 연결해 놓을 수도 있습니다. 이렇게 하면 강아지는 자신의 속도에 따라 움직이면서 속도를 늦추거나, 멈추거나, 필요한 경우 달아날 수도 있습니다.

이런 선택 감각이 잘 발휘되려면 보호자는 항상 강아지가 탐색할 때 곁에 있어 주는 역할을 해야 합니다. 강아지가 여러분을 올려다보거나, 아니면 새로운 사물을 향해 가는데 '과속방지턱'을 넘어야 하는 상황이라면 서슴없이 간식을 주세요. 강아지에게 즐거운 경험을 선사하세요. 새로운 것들로 가득한 엄청난 세상에 대해 여러분이 이제 막 소개하는 것이므로 그에 대해 좋은 연상을 심어 주는 것이 여러분의 역할입니다. 하지만 강아지에게 간식을 너무 많이 주지는 마세요. 강아지가 주변의 환경을 제대로 인식하고, 시간을 들여서 살펴보고, 소리를 들어서 모든 것을 흡수할 수 있도록 해야 합니다. 간식을 끊임없이 공급하면 강아지는 간식의 맛, 냄새, 움직임에 너무 집중한 나머지 주변 세상을 탐색하고 흡수하는 데 필요한 것들을 잘 파악하지 못할 수도 있습니다. 그러나 강아지의 바람직한 행동을 강화하거나, 나갈 때마다 최대한 즐겁고 유익한 외출이 될 수 있도록 하는 데 간식을 활용하면 매우 도움이 되는 것은 사실입니다.

그러니까 집으로 돌아오는 길에 아이스크림을 하나 사서 드세요. 여러분도 약간의 강화가 필요하니까요! 사회화할 기회를 최대한 활용하고, 강아지를 안전하고 낙관적으로 키우기 위해서 우리가 주로 사용하는 도구 두 가지는 '둔감화'와 '긍정적 연상작용 구축'입니다.

둔감화

둔감화란 새로운 사물이나 환경에 강아지가 압도당하거나, 겁을 먹거나, 과하게 흥분하지 않도록 적당히 안전한 거리에서 노출하는 것을 말합니다. 강아지가 새로운 것과 환경을 꺼리지 않는 한, 새로운 환경에 전혀 영향을 받지 않을 때까지 사물과의 거리는 줄이고 강도는 높일 수 있습니다. 둔감화의 결과는 강아지가 새로운 사물이나 환경에 대해 어떤 식으로든 특별한 감정적 반응을 보이지 않고, 단지 '가구 같은 것'으로 생각하게 되는 것입니다. 자동차 여러 대가 지나가는 건 큰일이죠. 자전거요? 그거야 별것 아닌 거죠.

언제나 그렇듯이, 강아지의 보디랭귀지를 잘 관찰하고 읽어낼수록 훈련과 상호작용이 더 잘 이루어질 것입니다. 둔감화 교육은 서두르지 않는 것이 요령입니다. 항상 강아지가 충분히 긴장을 풀 수 있을 만큼 낮은 강도로 하세요. 이를 반려견 훈련에서는 '한계점 이하 below threshold'라고 표현하기도 합니다.

그러려면 이제는 '보디랭귀지 전문가' 모자를 쓸 때입니다. 아래 징후 중 하나라도 보인다면 강아지가 다소 부담감을 느끼는 것일 수 있으므로 보호자가 상황을 정리하거나 뒤로 물러나야 하는 상황일 수 있습니다.

- 입술 핥기 (강아지는 부담감을 느끼면 '혀를 입 앞쪽으로 낼름거리는' 식으로 입술을 핥을 수 있음)
- 눈을 크게 뜨며 동공이 확장되어 있음
- 지나치게 헐떡임
- 꼬리를 다리 사이에 넣음
- 미간을 찌푸림
- 등을 구부림
- 한쪽 발을 들어 올림
- 낑낑대는 소리를 냄
- 눈을 깜빡이지 않고 자극이 되는 대상을 바라봄
- 자극을 외면하며 그것을 일부러 보지 않음
- 보호자 다리 뒤에 숨기

앞서 말씀드린 대로 위와 같은 보디랭귀지 신호는 귀를 기울이고 반응할 때만 가치 있는 의사소통이 됩니다.

🐾 강아지를 압박하지 마세요.
🐾 서두르지 말고 천천히 안심시킨 후 자리를 떠나세요.
🐾 강아지와 비슷한 환경에 있을 때 처음에는 충분히 '안전한' 거리를 유지하세요.
('안전'은 보는 사람의 눈에 달려 있으므로 강아지의 보디랭귀지를 연구하세요.)

긍정적인 연상작용 구축

긍정적인 연상작용을 구축하는 것 혹은 강아지가 뭔가를 좋아하도록 '길들이는' 것에는 많은 이점이 있습니다. 강아지가 특정 상황이 되면 기분이 좋아지고, 여러분의 삶에 스트레스가 줄어들고, 다른 사람들의 삶도 더 나아집니다. 이 방법은 간단하게 어떤 물건이나 상황을 강아지가 좋아하는 것과 짝지어 줘서, 나중에 비슷한 상황을 맞닥뜨릴 때 긍정적으로 느낄 수 있게 도와주는 것입니다.

예를 들어 여러분은 앞으로 몇 년간 강아지를 동물병원에 데려가 검진을 받게 할 것입니다. 어려운 일이 될 수도 있지만, 쉬운 일이 될 수도 있습니다! 저라면 내일 동물병원에 전화해서 앞으로 몇 주간 가끔 들러서 강아지에게 간식을 줘도 괜찮은지 물어볼 것입니다. '네'라는 답이 돌아온다면 바로 시작하세요. '아니요'라는 답이 돌아와도 괜찮습니다. 다른 동물병원을 알아보면 되니까요.

강아지를 데리고 방문할 때는 먼저 강아지 없이 문 너머를 살펴봐서 무서운 동물(혹은 사람)이 없는지 확인해야 합니다. 그렇지 않으면 완전히 잘못된 감정반응을 길들이게 됩니다! 동물병원 입구에 도착한 다음, 문 안으로 들어서자마자 간식, 간식, 간식, 간식으로 몇 초간 작은 파티를 열어 주세요. 그런 다음 다시 밖으로 나갑니다.

바깥에서는 간식을 주지 않습니다. 강아지에게 '좋은 것'과 동물병원에 있는 것을 연관 지을 수 있도록 해야 하니까요. 잠시 기다렸다가 강아지와 함께 다시 돌아갑니다. 들어가자마자 다시 간식, 간식, 간식 시간입니다.

이 과정을 몇 번 반복하면, 강아지가 다시 들어가고 싶어 할 수 있을 겁니다. 처음에는 그 달콤한 시간을 짧게 가지다가 병원 안에 머무르는 시간을 조금씩 늘리세요. 간식 사이의 시간 간격을 조금씩 벌려서 강아지가 접수원의 모습, 약과 소독제 냄새, 전화 소리, 타일 바닥의 질감 등 다양한 환경을 접할 수 있도록 하세요.

병원에 들어서자마자 강아지가 꼬리를 흔들며 기대에 찬 눈빛으로 뭔가 좋은 것을 찾고 기대하는 걸 볼 수 있게 될 겁니다. 훌륭합니다. 동물병원에 대한 긍정적인 연상작용이 형성되었습니다. 참고로, 예방접종을 하지 않은 강아지를 동물병원 바닥에 두는 게 걱정된다면, 강아지를 안고 가서 똑같이 길들이기 과정을 거쳐도 전혀 문제 될 것이 없습니다.

계속 반복해도 강아지가 행복한 표정을 유지한다면, 간호사가 강아지의 귀를 만졌을 때 간식을 주는 등 앞으로 일어나게 될 더 많은 상황에 대한 민감도를 줄이고 긍정적인 길들이기를 하세요. 이어서 동물병원의 간호사는 강아지의 꼬리를 잡은 다음 간식을 줍니다. 그러면 강아지는 수의사의 수술실에서 사람들이 자신을 잡고 있는 걸 아주 좋아하게 될 겁니다. 고마워, 강아지야!

　같은 과정을 사용해서 아래와 같은 상황에 대해 긍정적인 연상작용을 구축하고 낙관적인 강아지로 만드세요.

- 은신처에 들어가기
- 새로운 곳에 가기
- 강아지 미용사
- 수의사
- 집에 방문한 손님
- 목욕 시간
- 손발톱 깎기
- 칫솔질
- 벼룩 치료
- 강아지 유치원
- 차에 타기
- 새로운 사람 만나기

　곰곰이 생각하고 능동적으로 대처하세요. 강아지가 편안함을 느끼고 자신감 있길 바라는 모든 상황에 여러분의 시간(그리고 간식!)을 현명하게 투자하세요. 약간의 예방 조치가 수많은 재활 치료, 상처, 울음과 두려움보다 훨씬 낫다는 걸 잊지 마세요!

역조건화

역조건화란 강아지가 이전에 불편을 느꼈던 상황, 예를 들어 집 전화기의 벨소리를 듣고 겁을 먹은 듯한 상황에서 간식처럼 아주 좋은 무언가를 짝지어 주는 것입니다. 역조건화 과정은 다음과 같습니다. 볼륨을 낮춘 다음 전화벨이 울리게 만들고, 울리자마자 강아지에게 간식을 주는 것입니다. 여러 번 반복해서 시간이 지나 성공하게 된다면 꼬리를 흔들고 기대에 찬 눈빛으로 보호자를 바라보게 될 겁니다. +CER$^{Positive\ Conditioned\ Emotional\ Response}$ ('긍정적으로 조건화된 정서 반응' 참조)의 증거지요.

두려움 시기

위에서 언급한 사회화 시간표에 대한 참고 사항을 말씀드리겠습니다. 강아지는 종종 생후 8~12주 사이에 '두려움 시기'를 거칩니다. 이 발달 단계가 이 시기에 시작되는 것은 자연적으로 보면 당연한 일이지요. 생후 2개월까지의 강아지는 호기심이 가득한 작고 활기찬 강아지로 대부분의 시간을 보내왔을 것입니다. 이렇게 해서 가능한 한 짧은 시간 동안 최대한 많은 정보를 세상으로부터 얻는 것이지요. 생후 8주가 되면 엄마도 다소 지친 상태가 되기 때문에, 대자연은 강아지를 안전하게 지키기 위해 고유한 '비상 소프트웨어'를 업로드합니다. 조금 전까지만 해도 호기심이었던 것이 이제는 예민함, 경계심, 심지어 두려움으로 바뀌게 됩니다.

두려움 시기에 접어들어 강아지는 비정상적인 상황에 직면하게 되면, 이전처럼 그것에 대해 알아보려 하거나 엄마에게 의존해서 귀찮게 하는 대신 재빨리 돌아서서 안전한 곳으로 도망치려 합니다. 두려움 시기는 강아지가 사악한 늑대에게 다가가 해맑게 인사하는 것을 막기 위해 마치 탯줄과도 같은 번지 점프용 밧줄처럼 작용합니다. 강아지 대부분은 어느 정도 이런 행동을 보이므로 생후 2~3개월이 되면, 강아지가 조금 더 조심스러워지고 상황에 따라 조금 더 예민해질 수 있다는 점을 유의하세요. 때때로 짖을 수도 있습니다. 이 시기에는 절대로 짖는다고 해서 벌을 주면 안 됩니다. 강아지는 몹시 예민해지므로 보호자도 강아지의 요구와 치열한 발달에 매우 민감하게 반응해야 합니다.

생각해 보세요. 강아지가 두려움을 느낄 때 벌을 준다면 전체적인 경험을 더 나쁘게 만들 뿐입니다. 경험을 더 나쁜 것으로 만들어버리면, '이런 환경에서는 나쁜 일이 일어난다'라는 것을 가르치게 되는 셈입니다. 우리가 가르치려고 하는 것과 본질적으로 정반대인 거죠!

강아지가 두려워하는 것 같다면, 다음 사항들을 고려하세요.

- 거리를 더 두세요.
- 강아지의 보디랭귀지가 두려움에서 편안함으로 바뀌는 지점에 머무르세요.
- 벌을 주지 마세요. 이는 두려움을 느끼는 것이 옳았다는 것을 강아지에게 확인시켜 줄 뿐입니다!
- 역조건화를 위해 다음번에는 적당한 거리를 유지하면서 간식을 사용해 보는 건 어떨까요?
- 다음번에는 둔감화에 도움이 되도록 비슷하지만 강도가 더 낮은 버전의 시나리

오를 고안해 볼까요?

두려움 기간에는 사려 깊고 공감 가득한 사회화를 계속 시도하면서 매의 눈으로 보디랭귀지를 관찰하세요. 강아지에게 더 많은 공간이 필요한 것 같다면, 더 많은 공간을 제공하세요. 여러분과 강아지는 한 팀입니다. 함께 헤쳐 나가는 것입니다.

09
강아지 공원 에티켓

햇볕이 내리쬐는 날 여러분이 새로 데려온 강아지와 함께 산책하는 장면을 머릿속에 그려 보세요. 서로를 바라보고 웃기도 하면서요. 심지어 둘 사이의 리드줄도 '미소'를 짓고 있네요. 아주 편안하고 느긋한 상태입니다. 여러분은 놀이터에 안전하게 들어서서 다른 개가 없는지 확인합니다. 작은 강아지에게 앉으라고 한 뒤 리드줄을 분리하면, 착한 강아지는 앉은 채로 여러분이 풀어 주기를 기다립니다. 여러분이 걸음을 떼면서 '가자!'라고 하면 강아지는 몇 미터 앞서서 약간의 탐색과 냄새 맡기를 시작합니다. 강아지는 여러분이 걸어오는 걸 보자마자 기쁜 마음으로 달려오고, 둘은 계속 눈빛을 교환하며 함께 산책합니다.

그러다가 여러분은 몇백 미터 앞에서 다른 개와 보호자를 발견하게 되고, 몸을 숙여서 강아지를 부릅니다. 강아지가 열정적으로 달려오면 강아지의 어깨와 엉덩이를 부드럽게 감싸 안은 다음, 간식을 주기 전에 리드줄을 하네스에 연결합니다.

둘은 계속 산책을 하다가 다른 보호자와 개가 20미터쯤 거리에 있게 되는 지점에 다다르면 여러분이 묻습니다. "강아지가 인사해도 괜찮을까요? 그쪽 개가 불편하지 않을까요?" 상대방이 "네, 저희 개는 다른 강아지들을 좋아해요."라고 말하면 여러분은 천천히 다가갑니다. 두 마리의 개가 정중하게 서로의 엉덩이 냄새를 맡으며 인사합니다. 잠시 후 강아지가 보호자를 쳐다보면 여러분은 상대 보호자에게 인사를 전한 뒤 여러분의 강아지에게 '가자'라고 합니다. 그리고 간식을 주면서 사랑스러운 산책을 계속합니다.

흠, 우리 모두 꿈꿔 볼 만한 상황 아닌가요? 좋습니다. 다른 시나리오를 소개해 드리지요. 이번엔 햇살이 내리쬐는 날 여러분이 강아지와 함께 산책하려고 나서는데, 자녀분을 데리러 가야 해서 시간이 15분 밖에 남지 않은 상황을 머릿속에 그려 보세요. 전에 방문해 본 적이 없는 곳이어서 어디에 주차할지 몰라 쩔쩔매는 동안 강아지는 뒷좌석에서 내내 낑낑대며 짖어 댑니다. 마침내 주차할 곳을 찾은 여러분은 뒷좌석에서 강아지를 꺼내 안고 리드줄을 연결한 다음, 빠르게 목적지로 걸어갑니다.

강아지는 냄새를 맡기 위해 멈추지만, 시간이 없는 여러분은 강아지를 계속 걸어가게 합니다. 어차피 집을 나서기 전에 소변도 봤으니까요! 공원 중심부로 들어서자 여러분은 안전한 거리에서 리드줄을 착용하고 있는 개를 몇 마리 발견합니다. 그래서 강아지의 리드줄을 분리하고 산책을 계속하지요. 여러분이 리드줄을 착용한 개 중 한 마리에게 다가가자 강아지가 그 개에게 달려들기 시작합니다. 여러분은 영문을 몰라서 '이리 와!'라고 하지만, 강아지는 '싫어!'라고 하듯이 그 모르는 개를 향해서 계속 달려듭니다.

상대 보호자가 멀찍이서 "강아지를 데려가 주실 수 있나요?"라고 말합니다. 여러분은 "괜찮아요. 좋아서 그러는 거예요."라고 외치지만, 마음속 깊은 곳에서는 여러분도 그게 중요한 게 아니라는 걸 알고 있을 겁니다. 그렇지요?

강아지가 다른 개에게 다가서자마자 성견은 순식간에 몸을 납작하게 만들고 으르렁거립니다. 여러분은 따라잡기 위해 달려가지만, 다른 커다란 개의 앞발이 여러분 강아지의 척추를 강타하면서 강아지가 두려움에 비명을 지르는 소리를 듣게 됩니다. 여러분은 그 보호자에게 뭐라고 할 건가요? 무슨 말을 할 수 있을까요?

이미 너무 늦었습니다. 상대편 개는 리드줄을 하고 있었고, 여러분의 반려견은 리드줄을 하지 않고 있었죠. 여러분의 강아지가 상대편 개에게 달려들었지만, 여러분은 불러들이지 않았습니다. 여러분은 기분이 잡친 상태로 강아지를 다시 리드줄에 연결하고 차로 급히 돌아갑니다. 돌아가는 길에 강아지가 배변하려고 쪼그려 앉는 순간, 리드줄이 팽팽해집니다. 배변 봉투도 안 가져왔는데, 끝내주네요!

그다음 날 여러분은 또 다른 공원으로 나들이를 가려고 강아지를 차에 태우려 합니다. 무슨 일이 일어날까요? 강아지는 이제 차에 타는 것을 꺼리게 됩니다. 왜냐하면 '어제 이런 일이 있었을 때, 매우 무섭고 고통스러운 경험으로 이어졌다'라고 생각하기 때문이지요.

첫 번째 예시는 꿈만 같은 일이고, 두 번째 예시는 제가 제일 싫어하는 사람에게라도 일어나지 않길 바라는 일이긴 합니다. 어떻게 하면 첫 번째 같은 상황을 만들 수 있고, 두 번째 같은 상황은 최대한 덜 일어나도록 할 수 있을까요? 그러려면 무엇보다도 계획을 세워야 합니다. 계획을 세우는 데 실패하는 것은 강아지가 실패하도록 계획을 세우는 것이나 마찬가지입니다.

연구에 따르면 우리는 중립적인 경험이나 긍정적인 사건에 비해 부정적인 사건을 더 잘 기억한다고 합니다. 생존과 진화의 관점에서 보면 이해가 되는 일입니다. 그러니 새로운 강아지의 보호자로서 여러분은 강아지가 다른 개, 아이들, 낯선 이들에게서 나쁜 경험을 하는 기회를 최대한 차단하는 것이 좋다는 뜻입니다. 한 번의 나쁜 경험은 안타깝게도 강아지의 '자신감 계좌'에서 많은 것을 훔쳐 갈 수 있습니다.

보호자로서 우리가 할 수 있는 가장 중요한 일은 강아지가 행복하고, 자신감 있고, 낙관적으로 자라날 수 있도록 돕는 것입니다. 어떤 환경이나 상황에서도 항상 좋은 점을 찾는 낙관적인 강아지로 키운다면, 강아지와 함께하는 삶이 훨씬 더 편안하고 즐거워질 것입니다.

그렇다면 어디서부터 시작해야 할까요? 파티 장소를 먼저 확인해 보지도 않고 예약하지는 않겠죠. 자녀를 학교에 보낼 때 여러분이 직접 방문해서 학교가 안전한지, 괴롭힘은 없는지, 학습하기 좋은 환경인지에 대한 감이 잡히지 않은 상태에서 학교로 보내고 싶지는 않을 겁니다. 동네 공원도 강아지가 훌륭한 학습을 할 수 있는 잠재적인 장소입니다. 그곳이 고난과 역경을 배우는 장소가 되지 않도록 하세요! 그러니 주의를 기울여 정찰해 보세요!

강아지 없이 그곳으로 가서 여러 사항을 점검해 보는 겁니다. 산책 공간, 놀이 공간, 사회화 공간이 적절한지 살펴보세요. 아래와 같은 사항들을 고려해 보면 좋습니다.

- 차로 이동하는 경우, 개나 사람들에게 공격당하거나 압도당하지 않고 차에서 내릴 수 있는 안전한 장소가 충분히 확보되어 있나요?

- 걸어서 가는 경우, 산책 장소가 충분히 가까운 거리에 있나요? 강아지가 성장하는 동안 신체적으로 무리하지 않도록, 산책량에 제한을 두어야 합니다. 또한 공원에 도착했을 때 강아지가 피곤하지 않아야 합니다. 강아지가 피곤하면 심술궂은 행동을 할 수 있습니다. 매번 방문할 때마다 즐겁고 안전해야 합니다.

- 강아지가 안전한 거리에서 새로운 광경과 소리를 보고 '받아들일' 수 있도록 구역들이 배치되어 있나요? 강아지가 자신만의 속도로 새로운 세상을 경험하게

하는 것이 중요합니다. 공간이 너무 좁거나 새로운 자극(개, 아이들, 사람들, 자전거 등)에 너무 가까이 있으면 공황 상태에 빠질 수 있고, 그러면 부정적 연상 작용이 만들어집니다.

🐾 이 공원에는 현명하고 행실이 바른 개(와 보호자)들이 있다는 느낌이 드나요? 착하고 온순하고 편안한 개 말입니다. 여기저기서 격렬한 추격전이 벌어지거나 다른 개들과 너무 거칠게 부딪히는 모습을 보고 싶지는 않을 테니까요.

🐾 '번화가'에서 벗어나 강아지와 함께 조용한 시간을 보내거나, 배낭 산책(뭐냐고요? 나중에 18장을 참조하세요)을 하거나, 아니면 압도감을 느끼지 않고 세상 돌아가는 것을 구경할 만한 조용하고 괜찮은 장소가 있나요?

🐾 방문하기 더 적합한 시간이 있나요? 하루 중에서 특정한 시간대에 더 조용한 공원도 있습니다. 처음에는 강아지가 환경에 적응할 수 있도록 조용한 시간대에 방문한 다음, 적응되면 더 붐비는 시간대로 '업그레이드'할 수 있습니다.

이제 정찰을 마쳤고, 첫 외출을 할 시간대와 장소도 정했습니다. 그럼 뭘 가져가야 할까요?

외출 시 가져가야 할 것

배변 봉투

기본 중의 기본이죠! 배변 봉투를 깜빡하고 안 가져가느니, 강아지를 깜빡 잊고 안 데려가는 편이 낫습니다. 군대에서는 다음과 같은 생존

관련 격언이 있습니다. '둘은 하나이고, 하나는 아무것도 아니다.' 적어도 세 장은 가져가야 '아, 장난해? 또!' 하는 순간을 피할 수 있습니다.

간식

총싸움에 칼을 들고 나타나지는 마세요. 강아지와 함께 외출할 때는 가능한 한 최고의 간식을 준비하세요. 강아지에게 주는 간식은 두 가지의 중요한 투자에 활용됩니다. 하나는 여러분이 소개하는 환경에 대해 좋은 연상작용을 할 수 있도록 만드는 것이고, 또 다른 하나는 우리가 바람직하다고 여기는 행동에 좋은 결과가 따라온다는 것을 알려 주는 것입니다. 강아지는 매일매일 학교에 가듯이 많은 것을 배우고 있으니까, 우리가 바람직하다고 여기는 행동을 강력히 강화할 기회를 놓칠 수는 없겠지요. 여기서 여러분이 강화하는 행동은 부르면 오거나 앉는 등 여러분이 강아지에게 바라는 행동일 것입니다. 아니면 여러분이 강아지가 하는 어떤 행동을 보고서 나중에도 그 행동을 했으면 하는 것일 수도 있습니다. 바깥에서 볼일을 본다거나, 함께 산책할 때 서로를 확인한다거나 하는 것 말이죠. 마음에 드는 행동이라면 간식으로 강화하세요!

간식 주머니

간식, 배변 봉투 등을 휴대하기 편리할 뿐만 아니라, 보호자와 강아지 모두가 '진지한 표정'에 돌입하기 좋은 시각적 신호가 되기도 합니다.

긴 줄

강아지에게 조금 더 '자유'를 주고 싶지만, 연결이 끊어지는 건 싫다고요? 그럴 수 있지요. 그렇다면, 긴 줄을 준비하세요. 강아지 크기에 따라서 5미터에서 10미터 사이의 긴 줄이라면 어떤 것이든 상관없습니다. 너무 짧으면 줄이 팽팽해져서 불편할 수 있습니다. 반대로 너무 길거나 두꺼우면 강아지가 공원을 돌아다니기 무겁습니다!

반려견 용품점에서 괜찮은 것을 살 수 있습니다. 나중에는 여러분이 직접 계속해서 줄을 쥐고 있는 대신에 강아지가 줄을 끌고 다니도록 발전할 수 있으므로 고리 모양의 손잡이가 없는 것으로 구매하세요. 손잡이는 나뭇가지 같은 것에 걸릴 수 있기 때문에 없는 게 낫습니다. 그리고 버튼을 누르면 자동으로 감기는 형태의 줄이 아닌 단일 소재의 그냥 긴 줄이어야 합니다.

비가 많이 오는 지역에 살고 있다면, 바이오테인^{biothane}(방수 기능이 있는 인조가죽) 소재의 줄을 고려해 보세요. 물을 흡수하지 않기 때문에 비가 와도 더 무거워지지 않는답니다!

중요 사항

긴 줄은 제대로 된 리콜^{recall} 훈련을 대체할 수 있는 것은 아닙니다. 또한 강아지를 보호자 쪽에 오도록 잡아당기는 데에 사용하지 마세요. 이는 강아지에게 불편함을 주며, 강아지가 보호자에게 다가가는 것에 대해 긍정적인 연상작용을 만들기 어렵습니다. 강아지를 보호자 곁으로 오게 하고 싶다면 강아지가 그렇게 할 만한 긍정적인 이유를 만들어 줘야 하며, 이럴 때 '리콜'이 제대로 이뤄지는 것입니다. 나중에 15장을 참고하세요. 긴 줄로 강아지를 끌어당기면 제가 여러분을 찾아내서 훈련할 겁니다!

약속을 잡으세요

강아지가 어딘가에서 다른 개를 만나 이미 잘 어울린 적이 있나요? 그렇다면, 공원을 처음이나 두 번째로 방문할 때 그 개를 '우연히' 마주칠 수 있도록 조율해 두세요. 강아지에게 더욱 익숙한 느낌을 줄 수 있습니다. 누군가를 만나는 것이 확실히 안전하다고 느낀다면, 강아지는 공원을 다시 방문할 때 자신감 있는 모습과 낙관적인 태도를 보이게 될 것입니다. 안전하고 친근한 인사법에 대한 지식을 갖추고 있으면, 보호자가 반려견을 산책시키는 개인적인 경험의 가치도 더 올라갈 것입니다.

항상 먼저 물어보세요

용서보다는 양해를 구하는 것이 낫습니다. 공원에서 반려견과 함께 산책하는 다른 보호자를 보고 그 개가 여러분의 강아지와 만나서 인사 나누기에 적절할 것 같다는 생각이 든다면, '제발' 먼발치에서 먼저 물어보세요. 절대로 다른 모든 개가 자신에게 강아지가 달려들면 좋아할 것이라고 생각하지 마세요. 그렇지 않습니다.

강아지가 하는 경험에 대한 책임은 다른 개나 그 보호자에게 있는 것이 아니라, 여러분에게 있습니다. 물리적으로 가능한 한 모든 만남이 긍정적인 경험이 될 수 있도록 하세요. 의구심이 든다면 우선 자리를 피하는 것이 좋습니다. 더 좋은 기회는 얼마든지 있으니까요. 그리고 모든 개가 반갑게 인사하는 것을 그렇게 달가워하지 않을 수 있다는 걸 여러분의 강아지가 배우는 계기가 될 수도 있습니다.

강아지에게 모든 개가 반드시 반갑게 맞이할 거라는 기대감을 줘서 결국 좌절감을 느끼게 되는 건 원치 않으시겠죠. 강아지가 마주치는 개마다 계속 다가가게 놔둔다면 나중에는 그런 만남이 적절하지 않은 상황이 왔을 때 좌절하기 시작할 겁니다.

좌절은 잡아당기기, 낑낑대기, 짖기 같은 여러 바람직하지 않은 행동의 원인이 됩니다. 강아지들은 다른 개들이 반갑게 인사할 때도 있지만, 어떨 때는 그렇지 않다는 것을 배울 필요가 있습니다. 우리와 마찬가지로요.

평균적으로 여러분이 다섯 마리의 개를 만날 때마다 한 번씩 인사한다고 해 봅시다. 이는 합리적인 목표로, '인사하다가 좌절한 개'를 만들지 않는 데 도움이 될 것입니다.

마지막으로, 꼭 지켜야 하는 간단한 공원 에티켓

🐾 똥을 치우세요.

🐾 다른 개가 리드줄에 연결되어 있다면, 그럴만한 이유가 있는 겁니다! 다시 한번 강조하지만, 괜찮은지 물어보지도 않고 여러분의 강아지가 다른 개에게 달려들게 놔두지 마세요.

🐾 모든 개가 다른 개와 놀고 싶어 하는 것은 아닙니다. 여러분이 길을 가다가 만나는 모든 낯선 이들의 머리에 데이지꽃을 꽂아 주고 싶지는 않은 것과 마찬가

지요. 200미터 떨어져서 "괜찮아요, 좋아서 그러는 거예요!"라고 말하는 것은 충분하지도, 책임감 있지도, 안전하지도, 타당하지도 않습니다. 왜 그럴까요? 우리는 반려견 뿐만 아니라 공원에 있는 다른 모든 이를 배려해야 하기 때문입니다. 다른 개들은 다른 개를 싫어할 수도 있고, 두려워할 수도 있습니다. 아니면 다른 개의 보호자가 아주 열심히 훈련하는 중이라 다른 강아지들의 '습격'이 필요 없을지도 모릅니다. 또 다른 보호자는 힘겨운 시간을 보내고 있어서 강아지와 단둘이 조용히 생각하는 시간이 간절히 필요할지도 모릅니다. 어쩌면 상대편 개가 나이가 많이 들었거나 다쳐서 누군가가 덤비거나 지나치게 흥분하면 정말로 위험할 수도 있습니다. 다른 개가 리드줄을 하고 있다면, 분명히 그럴만한 이유가 꼭 있다는 걸 기억하세요. 너무 가까이 다가가기 전에 항상 먼저 물어보세요.

🐾 매일매일 배워야 합니다. 여러분이 강아지와 시간을 보낼 때면 언제나 한 쪽이 다른 상대방을 교육하는 겁니다! 여러분이 좋아하는 것을 강화하고, 바람직하지 않은 행동을 시도하는 것을 내버려 두지 마세요.

🐾 여러분이 강아지의 '뒤를 지키고 있다'라는 사실을 알게 하세요. 강아지가 두려움을 느낄 수도 있을 만한 상황에 내버려 두지 마세요. 여러분과의 관계에서 가장 중요한 것은 신뢰입니다. 여러분과 강아지는 한 팀입니다.

🐾 첫인상은 오래 지속되므로 처음에 소개하는 모든 것은 보호자의 관리하에 정중하게 소개되어야 합니다.

🐾 오늘만 날이 아닙니다. 놀이가 너무 길어지지 않도록 하세요. 강아지를 아드레날린 중독자로 만들고 싶지 않다면요. 다른 개들을 만나게 하면서 이것을 즐거움과 휴식에 대한 연상작용이 되도록 만들려는 것이지, 아드레날린이 솟구치는 롤러코스터와 같은 연상을 불러일으키려는 것이 아닙니다.

- 강아지 스스로 해결하도록 방치하지 마세요. 강아지는 여러분이 책임져야 할 대상입니다. 다른 개와의 나쁜 경험 한 번이 강아지의 평생에 그늘을 드리울 수 있습니다.

- 휴대전화를 보고 있으면 강아지가 어디 있는지 알 수 없지만, 강아지를 보고 있으면 휴대전화는 여러분이 둔 곳에 그대로 있을 겁니다! 강아지를 지켜보세요.

10
함께 놀이하기

어린 시절을 기억하시나요? 아마 여러분이 친하게 지냈던 친구가 자기에게 뭔가를 하라고 명령을 내리거나, 학교 급식을 테이블까지 가져다주지는 않았을 겁니다. 여러분이 가장 친하게 지냈던 친구, '베프'는 여러분과 가장 많이 놀고, 서로를 쫓아다니고, 게임에서 '이기기' 위해 가장 자주 경쟁했던 친구일 겁니다.

놀이가 최고입니다. 포유류, 특히 어린 포유류에게 놀이는 어디에나 있는 것입니다. 놀이는 우리와 강아지들의 기분을 좋게 만들어 줍니다. 놀이는 순간적인 대처 능력, 사회성, 좌절에 대처하는 능력, 충동 조절 능력을 발달시킵니다. 이 모든 것이 강아지가 나중에 예기치 않은 상황에 대처할 수 있도록 도와주는 기술입니다.

최근에 누군가를 병원 응급실에 데려가야 했던 적이 있었습니다. 대기실에서 저는 아프고 다친 아이들 여럿이 병원에서 준 장난감을 가지고 노는 모습을 볼 수 있었습니다. 이토록 놀이는 중요한 것입니다. 강아지에게 장난감을 주면서 스스로 가지고 놀게 하는 것은 여러분이 뒷문을 열어 두었으니 강아지의 활동량이 충분하다고 말하는 것이나 마찬가지입니다.

놀이는 사회적 활동일 때 가장 강력한 힘을 발휘합니다. 강아지가 혼자서 놀기를 바라지 마세요. '여러분이' 강아지와 놀아 줘야 합니다. 그러면 강아지에게 돌아가는 배당금은 엄청납니다. 그리고, 그거 아세요? 여러분도 포유류입니다. 과학적으로 여러분도 함께 노는 걸 좋아할 겁니다! 그럼, 몇 가지 생각할 거리가 있습니다.

강아지의 놀이란 실제로 어떤 것일까요?

믿거나 말거나, 우리는 강아지와 함께 놀면서 사회적인 학습 기술과 의사소통 능력을 향상하고, 심리적인 단단함을 키워 주며, 고전적인 놀이에서 즐거움을 느낄 수 있도록 돕고 있습니다. 게다가 포식성 운동 패턴 predatory motor pattern까지 일정 부분 충족시켜 줍니다. 이는 동물 행동학자(자연적인 환경에서의 동물 행동을 연구하는 사람들)가 만든 용어로, 우리가 특정 종의 수행 능력 working ability과 운동 능력을 선택 교배를 통해 강조하거나 억제한 성질이지만, 모든 강아지의 내면에 있는 잠재성을 나타냅니다. 예를 들어 테리어는 사냥감을 물고 흔들어서 죽이는 걸 좋아한다는 특성이 있고, 콜리는 자신이 속한 무리의 개나 사냥감을 예의 주시하기를 좋아합니다. 비글은 자신의 주관이 뚜렷하지요.

이렇게 선택된 행동을 수행할 때면, 개는 본능적으로 기분이 좋아서 그 행동을 더 하고 싶어집니다. 더 많이 할수록 더 잘할 수 있으므로, 커다란 바퀴가 대를 이어서 계속 돌게 됩니다. 포식성 운동 패턴은 전체적으로 다음과 같습니다.

추적 ⇨ 살펴보기 / 몰래 접근하기 ⇨ 쫓기 ⇨ 잡기/물기
⇨ 흔들기 / 물어서 죽이기 ⇨ 절단하기 ⇨ 먹기

자급자족해서 스스로 단백질과 에너지원을 충족해야 했던 과거의 전형적인 야생 개를 상상해 보세요. 포식성 운동 패턴의 모든 요소를 충분히 잘한다는 느낌이 들 만큼 연습해야만 때가 되었을 때 능숙하고 효과적으로 사냥할 수 있었을 것입니다. 스스로 단백질과 에너지원을 구하지 못한다면 한 개체가 사라지는 결과가 발생하고 궁극적으로는 그 종이

사라지게 될 테니까요. 이래서 개가 프리스비를 좋아하는 것입니다!

위의 항목을 세분화해 보겠습니다.

추적: 강아지가 휘파람을 불며 숲속을 걷고 있는데 갑자기 두둥! 하고 토끼 발자국의 달콤한 내음이 강아지의 콧속 깊은 곳을 간질이는 모습을 상상해 보세요. 저녁 먹을 시간이에요. 우리의 강아지는 토끼를 찾아서 발자국 하나하나를 따라가기 시작합니다.

살펴보기/몰래 접근하기: 우리의 강아지는 냄새를 따라가다가 직접 자기 눈으로 토끼를 발견하게 되는 지점에 다다랐습니다. 이제부터는 냄새를 따라갈 필요는 없으니 사냥 지휘봉은 눈이 넘겨받습니다. 이때, 사냥감에게 들키지 않고 에너지를 효율적으로 써서 토끼에게 살금살금 최대한 가까이 다가가는 것이 관건입니다.

쫓기: 고개를 들어 개를 발견한 산토끼가 '으악!' 하고 외친 다음 쌩! 목숨 걸고 달립니다. 쌩! 배고픈 개가 잽싸게 쫓아갑니다.

잡기/물기: 개가 쫓기에 성공했다면 토끼를 물어서 숨통을 조입니다.

흔들기/물어서 죽이기: 잡기/물기를 성공적으로 끝내면 먹이를 잡고 흔듭니다.

절단하기: 죽이는 것에 성공하고 나면 먹이를 절단합니다.

먹기: 포식적 행위는 이렇게 마무리됩니다.

품종이나 개체에 따라 위에 나온 일련의 요소 중에서 특별히 더 애호하는 것이 있을 수 있지만, 반드시 어떤 종이 어떻다고 할 수는 없습니다. 우리와 마찬가지로 강아지들은 모두가 서로 다릅니다. 어떤 사람은 나이트클럽을 좋아하고 어떤 사람들은 몹시 싫어할 수도 있지만, 둘 다 괜찮은 것처럼 말이죠. 여러분과 강아지가 가장 즐길 수 있는 방식으로 놀이를 만들어 보세요. 나중에 몇 가지 놀이 전략을 알려 드리도록 하겠습니다. 기억해야 할 핵심은 강아지가 좋아하는 놀이를 하는 것입니다.

위에서 언급한 포식성 롤플레이 외에도 놀이는 다음과 같은 이점을 제공합니다.

- 유대감
- 재미
- 신체적 에너지 분출
- 정신적 에너지 분출
- 보호자와의 긍정적인 친밀감
- 놀이하는 환경에 대한 긍정적인 연상작용
- 보호자가 바라는 행동과 교환하기 위해 긍정적인 강화로 사용할 수 있는 새로운 '화폐'
- 장난스럽고 부담 없이 상호작용하는 값진 기회

다음과 같은 놀이를 시도해 볼 수 있습니다. 어떤 게 잘 맞는지 시도해 보세요. 결국은 마법의 지팡이가 주인을 선택할 겁니다! 하지만 그러기 전에 겸허한 자세로 기도하세요!

놀이하는 동안 강아지들의 눈높이를 맞추세요. 눈높이뿐만 아니라, 같은 나이의 형제 강아지 정도의 힘, 속도, 활동량에 맞춰서 놀이에 집중해 보세요. 꽉 쥔 주먹이 아니라 손가락 끝으로 장난감을 잡으세요! 제가 잘 쓰는 전략을 말씀드리자면, 저는 놀이를 할 때 '쓸만한 바보'가 되는 것을 즐깁니다. 계속해서 장난감을 떨어뜨리면서 "아아, 난 너무 약해, 넌 너무 강해!"라고 말하는 것이죠. 강아지의 엄청난 슈퍼히어로 파워에 휘청이고 땅에 발을 질질 끌고 다니면서요.

왜 그러는지 아세요? 강아지에게 자신감과 기쁨을 심어 줄 수 있기 때문입니다. 우리는 강아지가 게임을 좋아할 수 있도록 만들고 싶습니다. 왜냐하면 보호자가 게임을 제공하는 사람이니까요. 여기서 진짜 슈퍼히어로는 누구일까요?

터그

'강아지와 터그놀이를 하면 안 된다'라는 말을 들어 본 적 있나요? 혹은 꼭 해야 한다면 '강아지와 터그놀이를 할 때 절대 이기게 해서는 안 된다.'라는 말을 들어본 적 있나요?

솔직히 말해서, 그런 말을 한 사람은 좀 지루한 사람이었을 것 같은데요. 그렇지 않나요? 어차피 여러분이 어울리고 싶지는 않을 만한 사람일 것 같네요! 강아지의 입장에서 생각해 보면 절대 이기지도 못할 게임을 뭐 하러 하고 싶을까요? 여러분은 분명 강아지가 여러 번 '이기게 하고' 그것을 기뻐할 수 있을 만큼 충분히 강한 사람일 겁니다. 불안하고 초조한 야만인 코난처럼 무슨 수를 써서라도 강아지를 꼭 이기겠다고 전전긍긍한다고 생각해 보세요!

강아지와 터그놀이를 할 때의 팁은 다음과 같습니다.

🐾 터그놀이를 현명하게 하세요. 여러분은 회색곰이 아니라 강아지와 노는 것입니다!

- 🐾 강아지의 움직임에 부드럽고 편안하며 타협적인 몸짓으로 대하세요.
- 🐾 각성수준을 낮게 유지하세요.
- 🐾 너무 흥분하면 강아지는 소리를 잘 듣지 못하게 됩니다. 재미로 하는 사회적인 활동이 아니라 더 이기적인 '빼앗기'와 '죽이기'를 향한 동기를 불러일으키는 것으로 변질됩니다. 이는 그다지 건설적이지 않으며 관계에 득 될 것이 없습니다.
- 🐾 놀이는 팀 단위로 해야 합니다.
- 🐾 강아지가 장난감을 물고 흔들기 시작하거나, 손을 물거나, 동공이 약간 확장되면 잠시 게임을 중단하고 흥분을 가라앉힐 수 있도록 하세요.

터그놀이를 하다가 강아지가 갑자기 흥분했다면 다음 팁을 시도해 보세요.

- 🐾 장난감을 손가락 끝으로만 잡으세요. 이렇게 하면 당길 때 장력이 너무 많이 가해지지 않도록 할 수 있습니다.
- 🐾 강아지가 이기자마자, 다시 놀이를 시작할 수 있게 장난감을 가져오도록 하세요. 장난감을 자기 것으로 만들기보다는 놀이에 집중할 수 있도록 합니다.
- 🐾 여러분과 강아지가 동시에 장난감을 잡고 있을 때, 여러분의 손은 낮고 부드럽게 왔다 갔다 움직여야 합니다.
- 🐾 갑자기 손으로 홱 잡아당기거나 놓지 마세요.
- 🐾 손을 이리저리 마구 움직이지 마세요.
- 🐾 강아지의 발이 항상 땅에 닿아 있는지, 공중에 매달려 있지는 않은지 확인하세요. 강아지는 들어 올려지게 되면 더 단호하고 필사적으로 물 뿐만 아니라, 연약한 강아지의 이빨에 원치 않는 압력이 가해질 수 있습니다. (강아지가 여러분의 코

를 살짝 깨물 때는 그리 예민해 보이지 않을 수 있지만, 실제로는 예민합니다!)

- 🐾 장난감과 간식을 많이 바꿔치기 하세요. 이렇게 하면 게임의 긴장감이 너무 고조되는 것을 방지할 수 있을 뿐 아니라, 나중에 '안전하게 바꿔치기' 훈련을 위한 좋은 기초가 될 것입니다.

- 🐾 각 세션을 짧게 진행하고, 각 세션이 끝날 때마다 각성수준을 몇 단계 낮추세요. 나중에 비상으로 중지하게 되는 것보다 낫습니다. 많은 훈련사가 '최고조에서 끝내라'라고 강조합니다. '최고조'에서 끝내는 것과 좋은 느낌으로 끝내는 것에는 큰 차이가 있습니다. 좋은 느낌으로 끝내세요. 한껏 들뜬 강아지를 갑자기 민망하게 만들지 마세요.

무슨 손?

모든 놀이가 긴박감 넘치게 쫓고 쫓기는 쟁탈전일 필요는 없습니다! ('쫓아', '잡아', '죽여', '물어'라는 이름의 사악한 네 명의 난쟁이가 있다고 합니다!) '무슨 손?'은 멋지고 간단하며 보상이 따라오는 활동입니다. 강아지의 코를 자극할 수도 있으며, 모든 놀이가 시속 160킬로미터일 필요는 없다는 것을 잘 가르쳐 줄 수 있습니다.

1. 마치 잘 놀아 주는 삼촌처럼, 두 손을 등 뒤로 감춘 채 바닥에 앉으세요.
2. 한쪽 손에는 간식 한두 개를 쥐고 있고, 다른 손은 비워 둡니다.
3. 주먹 쥔 두 손을 앞으로 가져와서 강아지가 양손의 냄새를 맡을 수 있도록 합니다.
4. 강아지가 간식을 쥐고 있는 손에 주의를 기울이면서 간식이 어디 있을지 결정하면, 간단하게 '좋아!'라고 말한 뒤 손을 펼쳐서 상을 줍니다.

이것은 후각에 집중해서 즐길 수 있는 간단하면서 좋은 활동이기도 하고, 아이들과 강아지가 처음 만났을 때 해 볼 수 있는 부담 없는 활동이 될 수도 있습니다. 편안하고 집중되며 보상이 주어지지요. 여기에 뭔가를 더 보태고 싶다면, 강아지가 간식을 쥐고 있는 손을 가리킬 때 간식을 바닥에 던져 줘서 강아지가 쫓아가도록 해 볼 수 있습니다(역시, 모든 길은 쫓아가서 간식 잡기나 쫓아가서 다람쥐 잡기 같은 오래된 포식성 운동 패턴으로 거슬러 올라갑니다). 여기서 강아지가 간식을 집어 먹자마자 다음 단계로 여러분을 뒤돌아본 다음 다시 반복하려 한다면 금상첨화입니다. 강아지가 자동으로 다시 달려와서 보호자를 확인하는 것은 향후 '아이 콘택트' 및 '리콜' 훈련의 훌륭한 기초가 됩니다. (13장과 15장 참조)

놀이를 강화물로 사용하기

이제 음식 외에도 강아지에게 여러분이 바라는 행동과 교환할 수 있는 또 다른 화폐가 생겼습니다. 공원에서 터그놀이를 통해 강아지가 자동으로 돌아오도록 강화하거나, 동물병원에서 강아지의 검진 순서를 기다리는 동안 조용히 '무슨 손?' 게임을 할 수 있습니다.

강아지와 10분만 놀아 주면 여러분은 요즘 어른들은 거의 방문하지 않는 근사한 곳에 갈 수 있게 될 겁니다. 최상의 결과를 얻으려면, 진정성 있게 놀아줘야 한다는 사실을 잊지 마세요.

11
달려들기

왜 달려들까요?

강아지가 사람에게 달려드는 이유는 정확히 무엇일까요? 너무 좋으니까요! 사실부터 말씀드리겠습니다. 달려드는 것은 강아지들에게 있어 정상적인 행동입니다. 엄마의 얼굴로 뛰어올라서 주의를 끌려는 자연스러운 (대개는 강화된) 행동입니다. 강아지는 또한 자연스레 엄마의 얼굴을 조준해서 달려드는데, 이는 엄마의 입꼬리를 핥으려는 것입니다. 그러면 엄마는 강아지가 먹을 음식을 역류시킬 수 있도록 자극이 되지요. 따라서 강아지가 더 많은 관심과 강화를 얻기 위해서 새로운 가족인 사람에게 달려드는 것은 자연스러운 과정입니다. 달려드는 행위에 숨겨진 동기는 지극히 정상적이고 자연스러운 것이지요. 우리가 의도적으로 혹은 무심코 그 행동을 강화해서 꼬리를 더 길게 만들 뿐입니다.

쟁점

1. 결혼식에 참석하려고 막 나가려던 참에 새 옷이 더러운 강아지 발자국으로 뒤덮여 있는 걸 좋아할 사람은 별로 없습니다.
2. 개가 달려들면 겁먹는 사람도 있습니다.
3. 달려드는 것을 허용하면 강아지 발톱에 다치는 아이들도 있습니다.

상습범을 그냥 두실 건가요?

위에서 살펴보았듯이, 강아지가 달려드는 것은 자연스러운 행동이며 강아지의 엄마에 의해 강화됩니다. 그런데, 강아지가 더 이상 엄마와 있지 않으니 강화될 일이 없는데 왜 계속해서 달려들까요?

강아지가 여러분에게 (혹은 그 누군가에게) 달려들었을 때 강아지가 원하는 관심을 다소 보인다면 그 행동은 강화됩니다. 강화된 행동은 앞으로도 반복될 가능성이 높습니다. 이는 반려견 훈련에 있어 일관성의 가치를 보여 주는 완벽한 예입니다. 따라서 여러분과 여러분의 가족은 지금 여기서 둘 중 하나를 선택해야 합니다.

1. 강아지가 누구에게도 달려들지 않는 것
2. 강아지가 모든 사람(아기, 어르신, 경찰 등등)에게 달려드는 것

상호 배타적 행동으로 고쳐 봅시다

여기서 우리가 할 일은 현재 바람직하지 않다고 여겨지는 행동이 강화되지 않도록 환경을 관리해서 새로운 대체 행동을 강력하게 강화하는 것입니다. 이러한 새로운 대체 행동을 '상호 배타적 행동'이라는 뜻의 MEB$^{Mutually\ Exclusive\ Behaviour}$라고 부르도록 하겠습니다. 강아지가 상호 배타적 행동을 하고 있다면, 바람직하지 않은 행동을 동시에 할 수 없습니다. 예를 들어 강아지가 앉아 있는 동시에 달려들 수 없습니다. (잉글리쉬 불 테

리어는 시도하기도 하지만, 소용이 없지요!) 앞으로의 모든 문제 해결 과정에서 여러분은 MEB를 많이 사용하게 될 것입니다. 바람직하지 않은 행동에 대해서 크립토나이트(슈퍼맨 시리즈에서 슈퍼맨의 약점으로 작용하는 가상의 광물) 같은 역할을 하는 거죠!

MEB에 대해서 좀 더 자세히 설명해 드리겠습니다. 집에 돌아왔을 때 여러분의 반려견이 흥분해서 짖지 않았으면 하시나요? 좋습니다. 그러면 반려견이 가장 좋아하는 인형을 입에 물고 있을 때만 여러분이 인사할 거라고 가르쳐 주세요(짖는 것과 인형을 무는 것은 동시에 할 수 없는 일입니다). 여러분의 반려견이 강아지 친구들에게 달려가 함께 놀고 싶어서 리드줄을 당기지 않았으면 하시나요? 그러면 여러분에게 눈을 마주쳐서 여러분이 '가서 놀아'라고 말할 때만 가서 놀 수 있다는 걸 가르치고, 여러분이 직접 반려견을 데리고 가서 인사를 나눌 수 있도록 하세요. 강아지들은 여러분을 바라보면서 동시에 리드줄을 당기지는 못합니다. 완벽한 MEB죠.

그럼, 정리해 보겠습니다. 강아지가 달려든다고 해서 벌을 주지는 마세요. 말도 안 되는 일입니다. 처벌은 강아지에게 무엇을 해야 하는지 가르쳐 주지 않습니다. 여러분의 기분도 나빠질뿐더러 강아지는 겁을 먹게 되지요. 모두에게 좋지 않습니다.

우선순위를 따르기

통제하고 관리하세요(복습이 필요하다면, 1장의 '통제와 관리는 여러분의 절친입니다!'를 참조하세요). 저도 그렇지만 우리는 가끔 '강아지 훈련' 모드에 돌입하지 못하는 경우가 있습니다. 직장에서 지옥 같은 하루를 보낸 후, 마지막 남은 에너지와 인내심을 쥐어짜고 있을 때 현관에서 벨이 울리는 장면을 떠올려 보세요. 조부모님이 잠깐 들르신 겁니다.

'달려들기 금지' 훈련을 한창 진행 중이긴 하지만, 아직 강아지는 똑같이 흥분 잘하는 두 명의 연배 있는 방문객에게 예의 바르게 인사할 준비가 되지 않았습니다. 게다가 강아지가 달려들면 강아지가 야단법석 떨지 않게 하기로 두 방문객과 사전에 협의했지만, 그저 '괜찮아, 우린 강아지 좋아하니까'라고 할 뿐입니다.

자책하지도 말고 여러분과 강아지가 실패하도록 세팅하지도 마세요. 너그러운 마음을 베풀어서 강아지를 맛있는 간식이 든 콩 장난감과 함께 부엌이나 정원에 머물게 한 다음에 현관문을 열어주고 다시 강아지에게 몇 분간 돌아가 있으세요. 소동이 가라앉으면 리드줄을 연결한 상태에서 인사해 볼 수 있습니다. 아니면 '와, 사람이다!' 하며 날뛸 것을 고려해 안전용 울타리 너머로 인사해도 좋습니다.

여러분의 목표는 언제나처럼 바람직하지 않은 행동을 연습하고 강화하도록 놔두지 않는 것이었습니다.

미션 달성.

상호 배타적 행동

여기서 비결은 강아지에게 어떤 행동을 했을 때 보상받는지 가르치는 것입니다. 어떤 행동이 바람직한 목표에 접근하는 데 도움이 될까요?

저는 '앉아'를 좋아합니다. '앉아'는 '달려들기'를 방지하는 데 훌륭한 상호 배타적 행동입니다. '앉아'를 연습해서 강아지도 원하는 것을 얻을 수 있다면 모두에게 좋은 겁니다. 항상 그렇듯이, 하지 않았으면 하는 행동이 있다면 우리가 강아지에게 '하기를' 바라는 행동이 무엇인지 알려 줘야 합니다.

같은 목표를 염두에 둔 또 다른 접근 방식은 강아지에게 초인종 = 은신처에서 간식 먹기라는 것을 가르쳐 주는 것입니다. 충분히 반복해서 연습한다면 강아지는 초인종 소리를 들었을 때 현관으로 달려가는 대신 자기 집으로 달려갈 것입니다. 이 훈련은 방문객이 왔을 때 흥분해서 날뛰는 것을 방지할 수 있습니다.

강아지가 달려들면 어떻게 해야 할까

그 누구도 완벽하지 않습니다. 강아지가 바람직하지 않은 행동을 하지 못하도록 통제와 관리를 잘하면 되지만 우리는 가끔 실수하지요. 강아지를 리드줄에 연결해 두거나 정원에 보내 놓는 것을 깜빡한 채로 방문객을 부엌에 들일 때가 있습니다.

그렇게 손님이 집으로 들어옵니다. 그리고 여러분은 강아지와 손님을 번갈아 쳐다본 다음, 별안간 영화 '나 홀로 집에 Home Alone' 포스터 속 케빈처럼 '양쪽 손바닥을 얼굴에 갖다 댄 자세'를 취하게 되는 것이죠….

스트레스받지 마세요. 강아지가 달려와서 손님에게 달려든다면 가만히 서서 강아지를 무시해 달라고 부탁하세요. 여기서 중요한 메시지는 달려드는 것을 강화하지 않는다는 것입니다.

여기서 잠깐.

4~5초간 기다린 다음에 만일 여러분이 자동 앉기 훈련을 시작한 상

태라면 강아지가 '아하!' 하며 알아차리고 앉기를 기대해 볼 수도 있습니다. 그렇게 된다면 최고지요. 몸을 숙여서 듬뿍 칭찬해 달라고 손님에게 바로 요청하세요. 만약 4~5초가 지난 다음에도 강아지가 앉지 않는다면 여러분이 강아지에게 앉으라고 한 다음 위와 마찬가지로 간식으로 강화하세요.

강아지가 이 상황에 너무 신이 나서 앉지 못한다면... 뭐, 인생이란 그런 것 아니겠어요? 우리에겐 내일이 있으니까요. 강아지를 잠시 밖으로 데리고 나가서 리드줄을 연결한 다음, 여러분의 통제하에 손님을 맞이하세요. 손님이 무릎을 굽히고 앉아서 강아지에게 인사하기 전에 강아지가 앉을 수 있도록 여러분이 간식 몇 개를 가지고 와서 꼬드겨야 할 수도 있지만요.

다음번에는 통제 및 관리 능력을 향상해 놓길 바랍니다. 필요하다면 커다란 노란색 포스트잇에 'C+M(통제control와 관리management)'이라고 써서 현관문에 붙여 놓고 잊지 않도록 하세요!

야단치거나 소리 지르거나 질책하지 않기

여러분이 약속 장소로 걸어가서 만나기로 한 사람과 악수하려는데, 그 사람이 '안 돼!'라고 소리를 지른다고 상상해 보세요. 한 번 더 시도하려는데 그 사람이 팔짱을 끼고는 '안 돼!'라고 더 크게 소리친다고 생각해 보세요. 여러분은 당황스럽고 주눅이 들고 약간 겁도 날뿐더러 어떻게 인사를 해야 하는지 여전히 알 수 없게 되어버립니다.

반면, 여러분이 방에 들어가서 악수하려고 어떤 사람에게 다가갔는데, 상대방이 손을 들어 올리고 '하이파이브!'라고 외치며 인사한다고 상상해 보세요. 그러면 여러분도 기분 좋게 하이파이브를 할 수 있을 것입니다. (잘했어요, 힙스터!) 멋진 인사를 나누고 힘을 얻어서 하려던 이야기를 잘 할 수 있을 겁니다.

하이파이브가 그다지 자연스러운 인사는 아니었을지는 몰라도 효과는 있었습니다. 여러분은 인사를 나눈 사람을 여전히 좋아하고 다음번에 어떻게 행동하면 될지 정확하게 알게 되었으니까요. 득점한 거죠!

안절부절못하는 강아지

앞서 말씀드렸다시피 앉게 하는 것은 '연쇄 점프견'을 위한 멋진 솔루션이지만, 어떤 강아지들은 너무 안절부절못하는 탓에 엉덩이를 바닥에 붙이고 0.0001초도 가만히 있지를 못합니다! 여러분의 강아지가 이렇다면 '노즈 타깃 nose target (강아지의 코를 목표물에 갖다 대도록 하는 것)'을 가르쳐 보세요. (16장 참조. 다른 영역의 훈련에서도 사용될 수 있는 좋은 기술입니다. 이에 대해서는 뒤에서 다시 언급하겠습니다.) 노즈 타깃은 달려드는 것을 방지할 수 있는 훌륭한 상호 배타적 행동일 뿐만 아니라, 강아지와 보호자가 상대방에게 원하는 행동을 끌어내는 데에도 도움이 됩니다. 예를 들어 여러분이 문에 들어섰을 때 강아지가 폭주 기관차처럼 달려든다면 손바닥을 앞으로 내밀고 '터치'라고 신호를 보낸 후 간식 및 강아지가 원하는 관심으로 크게 보상해 주세요. 모두가 승자가 되는 것이지요!

초인종이 울리면

　이따금 강아지들은 초인종 소리를 들으면 자신이 아주 좋아하는 손님을 연상하기 때문에 매우 흥분하곤 합니다. 이는 훈련을 몹시 어렵게 만들고 어떨 때는 좌절감을 안겨 줄 수도 있습니다. 좀 더 즐겁게 만들어 봅시다. 초인종이 강아지에게 실제로 어떤 의미인지에 대한 연상을 바꾸면 됩니다.

　계획은 이렇습니다. 강아지와 함께 거실에 있는 편안한 의자에 앉아 휴식을 취하세요. 여러분의 훈련 파트너가 계획에 따라 밖에 나가서 초인종을 '딩동' 하고 울리도록 합니다. 초인종이 울리자마자 강아지가 흥분할 수 있지만, 여러분은 그냥 의자에서 일어난 다음, 구석 쪽으로 조용히 걸어가서 맛있는 간식을 강아지 침대에 떨어뜨립니다. 강아지는 여러분과 문을 번갈아 쳐다보다가 결국 간식을 먹기 위해 침대로 향할 것입니다.

　한 세션당 여러 번 반복하세요. 여러분은 휴대전화로 초인종 도우미와 연락을 취하면서 다음번 초인종을 언제 눌러야 할지 지시할 수 있습니다. (예전에는 팩스를 보내야 했기 때문에 훈련 세션을 하려면 몇 년이 걸렸지요!)

　충분히 반복한다면 강아지는 초인종이 울렸을 때 자리에서 일어나 현관문이 아닌 구석 쪽으로 갈 것입니다. 아주 모범적인 모습입니다. 초인종 소리에 대한 연상작용과 감정을 어떻게 바꿀 수 있는지를 보여 주지요.

　신호('딩동')와 거실 구석에 간식을 놓는 시간 사이의 간격을 늘리기 시작하세요. 이를 '잠복기'라고 합니다. 의자에서 일어나는 시간을 여유

있게 가진 다음 천천히 현관 반대편의 간식 배급 구역으로 가세요. 이렇게 하면 초인종에 대한 예전의 반응성을 충동 조절과 인내심으로 새롭게 대체하는 데 도움이 될 것입니다.

이제 방해물을 추가해 볼 수 있습니다. '딩동' = 강아지가 거실 구석으로 감 = 보호자가 가서 문을 열어줌 / 닫음 = 보호자가 거실 구석으로 가서 강아지에게 간식을 줌.

최종적으로는 다음과 같은 그림으로 발전할 수 있습니다. '딩동' = 강아지가 거실 구석으로 감 = 보호자가 문을 열어 손님을 집으로 들임 = 강아지를 보호자 쪽으로 부름 = 강아지가 앉음 = 강아지에게 강화함 = 손님에게 하이파이브를 한 다음 이렇게 말함. "우리 강아지 착하죠. 아무한테도 달려든 적 없어요!"

🐾 사례 연구: 빅 데이브를 만나 봅시다! 🐾

빅 데이브는 버니즈 마운틴 독 품종입니다. 버니즈 마운틴 독이 어떻게 생겼는지 모르는 분들을 위해서 말씀드리자면, 화려한 차림의 70년대 록가수와 유조선을 이종교배 한 것처럼 생겼다고 생각하시면 됩니다. 아주 커다랗지요!

그런데 개가 크면 잠재적인 문제도 큽니다. 빅 데이브는 제 친구 마틴, 케이, 그리고 그들의 두 아들과 함께 살고 있습니다. 어린 시절에는 모든 면에서 완벽했지요. 대부분의 면에서요. 짐작하셨겠지만, 빅 데이브는 '연쇄 점프견'이었습니다.

아마도 오스카 와일드가 이런 말을 했던 것 같습니다. "보통 크기의 개가 달려드는 것은 그저 귀찮은 일일 수 있지만, 버니즈 마운틴 독이 달려들면 정말로 골치가 아프다." 그래서 우리는 이 문제를 신속히 해결해야 했습니다.

계획: 빅 데이브를 앉아 있는 보스로 만들기

온 가족이 의기투합해서 가능한 한 여러 환경에서 빅 데이브에게 앉기 훈련을 했습니다. 실내와 실외, 밤낮을 가리지 않고요. 식구대로 돌아가며 '앉아' 신호를 주는 방식에 변화를 줘서 어떨 때는 서서, 어떨 때는 앉아서 말하기도 했습니다. 주변에서 무슨 일이 일어나든 '앉아'라고 하면 앉아야 한다는 것을 확실히 가르치기 위해, 빅 데이브를 등지고 서까지 '앉아'라고 하기도 했습니다.

우리는 매번 앉기를 강화했습니다. 빅 데이브가 장난감 던지기 놀이를 하고 싶어 하면, 엉덩이를 바닥에 붙일 때만 장난감을 던져 주었습니다. 이렇게 해서 앉기와 장난감 가져오기를 동시에 강화할 수 있었습니다. 산책하러 나갈 때면 산책을 시작하기 전에 길가에 앉아 있게 했습니다. 강화는 훈련을 하는 사람에게 달려 있습니다. 여러분이 원하는 행동을 강화할 기회는 무궁무진합니다.

또 다른 해결책은 빅 데이브가 너무 크게 흥분하는 것을 방지하기 위해 첫인사를 짧게 하는 것이었습니다. 우선 가족과 방문객들이 빅 데이브에게 몸을 수그려서 '안녕'이라고 인사하게 했습니다. 데이브의 엄마 케이는 처음에는 자연스럽게 몸을 똑바로 세우고 있었는데, 빅 데이브의 덩치가 너무 큰 나머지 흥분해서 맞이하는 동작을 하면 케이는 이를 멀리하는 반응을 보이곤 했습니다. 하지만 그렇게 하면 빅 데이브의 목표 지점이 더 높이 올라갈 뿐이었습니다. 저는 케이에게 빅 데이브의 눈높이까지 몸을 숙이게 했어요. 간단한 통제와 관리였습니다. 자신의 눈높이에 상대방이 있다면 뛰어오르지 않겠지요. 뛰어오를 곳이 없으니까요. 빅 데이브는 뛰어오르지 않아도 자신이 원하는 관심을 얻을 수 있었고, 따라서 뛰어오르는 행동이 반복되거나 강화되지 않았습니다. 인사할 때도 간식을 바로 입에 넣어 주기보다는 앉는 행동을 강화하기 위해 간식을 바닥에 두고 빅 데이브가 집어 올릴 수 있도록 했습니다. 이런 식으로 빅 데이브가 전반적으로 낮은 쪽에 집중할 수 있도록 한 것입니다.

관리 및 통제를 효율적으로 하기 위한 방편으로, 부엌 한쪽에 데이브를 잠시 넣어둘 수 있는 강아지 울타리도 도입했습니다. 예기치 않은 방문객이 부엌에 들어올 때를 대비한 것이었습니다(예기치 않은 방문객이란 '인사 의례'에 대한 이야기를 듣지 못한 방문객을 말합니다). 강아지 울타리는 앉아서 '안녕'이라고 하는 신나는 인사가 성공적으로 이루어진 직후에도 사용되었습니다. 예를 들어 다음과 같이 말입니다.

방문객이 부엌으로 온다. → 빅 데이브가 앉는다. → 몸을 숙여 인사하고 가슴부위를 문질러 준다. → 울타리에 간식을 충분히 던져 줘서 관심을 돌리고 즐길 수 있도록 한다.

이렇게 하면 빅 데이브가 하고 있던 것을 멈추고 원래대로 돌변할 위험이 없습니다.

이 특별한 버니즈와 함께 시간을 보내며 관찰한 흥미로운 사실이 또 있습니다. 낯선 사람들이 지나가면서 사람을 매우 잘 따르는 빅 데이브의 머리 위쪽을 쓰다듬고 지나가곤 했습니다. 지나가면서 개의 머리를 쓰다듬기도 하는 건 보통 있는 일이지만, 빅 데이브는 정말이지 교황 지망생들이 축복 연습을 하는 데에 딱 맞을 것 같은 개였습니다.

제 생각에 빅 데이브가 뛰어오르는 것은 사람들이 다가왔을 때 자기 머리를 쓰다듬는 행위에 대응하기 위한 것이었습니다. 빅 데이브의 논리는 자기 머리가 사람들의 손보다 높게 뛰어오르면 문제가 해결된다는 것이었겠죠.

영리한 마틴과 케이는 빅 데이브가 자기 머리를 쓰다듬는 행위에 약간의 불편함을 느낀다는 점을 알아챘고, 사람들이 빅 데이브의 행운을 빌며 머리를 쓰다듬는 상황을 모면하기 위해 개입하는 법을 익히게 되었습니다.

"얘는 가슴을 쓰다듬는 걸 좋아해요."라고 말하는 것이지요.

상호 배타적인 행동입니다. 그렇죠? 이는 개한테만 해당하는 게 아니랍니다!

12
이름에 반사적으로 반응하기

이름에 반사적으로 반응하기란?

강아지의 이름을 부를 때마다 강아지는 보호자가 어디에서 자신을 부르는지 확인할 수밖에 없는 것을 말합니다.

왜 이름에 반사적으로 반응하기를 가르쳐야 할까요?

보호자가 어디 있는지 확인하지 않는 강아지에게는 수많은 문제가 생깁니다. '이름에 반사적으로 반응하기'라는 의미의 RTN[Reflex To Name]은 '파워 스티어링(자동차에서 동력에 따른 조향장치)' 역할을 하여 리드줄을 잡아 당기는 등의 불편한 방법을 사용하지 않고도 보호자에게 집중할 수 있도록 합니다. 한 번 훈련해 두면 RTN의 새로운 힘을 사용해서 언제든지 강아지의 주의를 끌 수 있게 됩니다.

아래의 '이름에 반사적으로 반응하기' 훈련법을 읽어 보세요. 그다음, 차 한잔을 들고 편히 앉아서 아래의 사례 연구를 읽으며 제가 브라이언 블레시드[Brian Blessed](영국의 영화배우)에게 간결한 것이 과한 것보다 나을 때도 있다는 것을 가르치려고 노력하며 겪었던 고통을 즐겨 보세요!

이름에 반사적으로 반응하기 훈련 단계

다음 방법은 제가 이제껏 설명했던 다른 방법과는 다릅니다. 강아지의 행동에 따라서 간식을 주는 게 아니기 때문입니다. 행동에 관한 결과로 간식을 주는 것이 아니라, 강아지의 이름 소리와 간식을 짝지어 주는 것입니다.

우선 방해 요소가 없는 조용한 장소에서 시작하세요. 간식 주머니에 작고 맛있는 간식을 충분히 준비하세요. 필요한 경우, 강아지에게 하네스와 리드줄을 채우세요.

이 시연을 위해 제 강아지를 '콜린'이라고 부르겠습니다.

강아지와 함께 조용히 앉아 계세요. 몇 초간 가만히 있다가 밝은 목소리로 '콜린'이라고 부릅니다. 1초 후 '콜린의 행동과 관계없이' 간식을 콜린의 입에 넣어 주세요. 이때는 콜린이 여러분을 쳐다보지 않아도 상관없습니다. 중요한 것은 지속해서 '배터리 충전'을 하고 있다는 것입니다. 다시 1초 후 간식을 줍니다.

바로 그겁니다. 매번 100%의 확률로 간식을 주는 겁니다.

몇 초 후에 다시 콜린을 부르고 1초 후 간식을 줍니다.

5초 기다린 다음 반복합니다. 다시 콜린을 부르고 1초 후에 간식을 줍니다.

3초 기다린 다음 반복합니다.

1초 기다린 다음 반복합니다.

10초 기다린 다음 반복합니다.

25번 반복하세요.

반복하는 동안 아무 말도 하지 않습니다. 다른 말이나 움직임과 같은 주변 방해 요소를 차단할 수 있다면 학습이 더욱 정확해집니다.

하루에 3~4번씩 진행하세요. '콜린'이라고 부른 다음 1초를 기다리고 간식을 준 뒤로는 어떤 행동이나 반응도 기대하지 않도록 하세요. 그러고 나서 이 연습이 잘 진행되면 장소를 바꿔 보기도 하고, 시간대를 다양하게 진행해 보기도 하고, 훈련하는 사람도 바꿔 보세요.

하지만 간식을 늘 준비해 두지는 마세요. 보호자가 간식 주머니를 들고 있을 때만 귀를 기울일 가치가 있다고 가르치고 싶지는 않으시겠지요. 그렇게 되면 실제 상황에서 훈련이 매우 제한될 수 있기 때문입니다. 그러니 일부 훈련 세션에서는 간식을 선반에 있는 그릇이나 방의 반대쪽 같은 곳에 멀찍이 두도록 하세요. 다른 모든 조건은 같습니다. 그럼, 이번에는 '콜린'이라고 부른 후 선반으로 달려가서 간식을 꺼내 줍니다. 그다음 다시 간식에서 멀리 떨어진 원래의 시작 지점으로 돌아가서 반복합니다.

일단 믿을만한 RTN이 형성되면(강아지가 쓰는 실제 이름이 아니더라도), 이를 '길거리 훈련'에서도 사용할 수 있습니다. 리드줄을 느슨하게 연결하고 매일 하는 산책길에 도입해 볼 수도 있고, 아니면 여러분이 화를 내며 한두 번쯤은 말하고 싶었을 '저리 가!'보다 더 건설적이고 긍정적인 대안으로 쓸 수 있습니다.

우리는 항상 '테스트'가 아닌 '훈련'을 하고 있지만, 여러분이 강아지의 이름을 부를 때마다 하는 아름다운 '헤드 스냅'을 시간이 지날수록 지나치기 어려워질 겁니다. 마법 같거든요! 이제 여러분은 강아지 훈련 도구 상자에 '이름에 반사적으로 반응하기'를 추가했습니다. 남은 하루는 푹 쉬세요!

주의사항

학교에서 누가 자꾸 여러분 이름을 불러대는 통에 짜증이 나서 결국 이렇게 말해 본 적 없나요? "내 이름 닳겠다!"

콜린도 똑같이 느낀답니다! 이 훈련이 최대한 효용성 있으려면 너무 마구잡이로 사용하지는 않는 것이 좋습니다. 콜린은 이 단계에서 항상 멋진 무언가가 뒤따른다는 사실을 예측할 수 있어야 합니다. 콜린을 부르며 이것저것 말하는 사람들이 여럿인 부산한 가정에서 살고 있다면, RTN 훈련을 위한 새롭고 독특한 단어를 사용하는 것이 좋습니다. 쉽게 말해서 강아지의 이름 대신에 강아지가 특별한 일이라고 느낄 때 사용할 수 있는 한두 음절로 된 이름을 정하는 것입니다.

멍멍아!
아가야!
징징아!

하나 골라서 잘 써보세요. 무료입니다!

🐾 사례 연구: 브라이언 블레시드 이야기 🐾

저는 BBC TV 프로그램인 '언더독 쇼'에서 운 좋게도 우승 훈련사가 되었습니다. 영국 최고의 반려견 훈련사 10명을 선발한 뒤, 10명의 유명인과 짝을 지어 10마리의 구조견을 훈련하는 프로그램이었습니다. 줄리안 클라리 Julian Clary가 진행하는 생방송이었지요. 첫 번째 시리즈의 성공 덕분에 감사하게도 두 번째 시리즈의 심사위원장으로 참여해 달라는 요청을 받았습니다.

두 번째 시리즈에 출연하는 유명인 중 한 명은 두갈이라는 이름을 가진 포인터 믹스를 훈련하던 전설적인 배우 브라이언 블레시드였습니다. 브라이언 블레시드를 모르신다고요? 영화 '제국의 종말 Flash Gordon'에서 벌탄 왕자, 영화 '보물섬 Treasure Island'에서 롱 존 실버, 그리고 제가 가장 좋아하는 '페파 피그 Peppa Pig' 시리즈에서 토끼 할아버지 역할 등을 맡아 다소 과장된 연기로 이목을 끈 뛰어난 배우입니다. 아직도 브라이언 블레시드가 누구인지 모르겠다면, 아주 시끄러운 소리가 들리는 만화경 안에 갇혀 있다고 상상해 보세요.

촬영 중 조용한 시간에 브라이언이 저에게 말했습니다. 두갈이 카메라 앞에서 자신에게 집중하게 만드는 데에 어려움을 겪고 있다고 말이죠. 그는 제가 첫 번째 시리즈에서 셀리나 스콧 Selina Scott의 반려견인 첨프를 집중할 수 있도록 훈련했던 것과 같은 방식으로 두갈도 자신에게 집중하게 될 수 있기를 원했습니다.

여기서 이름과 신호를 전달하는 방법이 아주 중요하다는 사실을 기억해 두세요. 수많은 신호들을 두서없이 나열하면서 정작 핵심적인 단어는 장황한 문장 어딘가에 숨겨놓는다면, 도대체 강아지가 뭘 해야 할지 어떻게 알 수 있을까요? 마치 제가 수백 개의 단어로 가득한 랩 노래를 듣다가 그 수많은 가사 중 단어 하나를 뽑아서 그대로 행동해야 하는 상황이나 마찬가지입니다. 강아지에게 그렇게 하면, 강아지는 '이 모든 것에 반응하거나, 아니면 전부 무시할 수밖에 없다.'라고 생각할 겁니다. 강아지가 '이 단어는 무시하고, 이 단어에도 가만히 있고, 이 단어도 가만히… 아! 이 단어는 행동으로 옮겨야지. 그다음에 이 단어에는 가만히 있고….'라는 식으로 생각하지 못합니다.

그러니까 신호를 줄 때는 간결하고 특이하고 일관성 있는 한 음절이 좋습니다. 지금부터 저는 전설의 브라이언 블레시드와 함께 '이름에 반사적으로 반응하기'의 초기 단계를 가르치려고 합니다.

나: 좋아요, 브라이언. '두갈'이라고 한 번만 말한 다음에 간식을 주세요.

전설의 브라이언 블레시드: 자, 두갈. 오, 두갈! 그래… 그거야! 잘했어! 오, 두갈! 그러면 이제….

나: 네, 브라이언, 그렇게 하시면 됩니다. 이번에는, '두갈'이라는 단어 한 개만 말해 볼게요. 다른 말은 하지 않습니다. 그러고 나서 간식을 주시면 됩니다.

전설의 브라이언 블레시드: 맞아요, 스티브. 우리 두갈, 아이고 잘한다! 자, 이제 여길 봐! 우리 두갈….

나: 조금만 더 하시면 되겠어요. 다른 말은 하지 않고 '두갈'이라고 딱 한 마디만 해 볼 수 있으시겠어요? 할 수 있습니다. 이름을 부르면 반사적으로 반응하게 만들 수 있어요.

전설의 브라이언 블레시드: 아, 제가 그렇게 안 했나요? 아이고, 알겠어요. 자, 갑니다… 두갈! 아이고, 요 이쁜 것. 그래, 그렇지. 옳지, 그렇게….

나: 잘하셨어요, 브라이언. 오늘 방송 잘 나왔으면 좋겠는데요!

13
아이 콘택트

아이 콘택트를 왜 가르쳐야 할까요?

아이 콘택트는 다른 모든 훈련을 확실히 더 쉽게 만들어 주는 훈련입니다. 제가 가장 좋아하는 훈련을 하나만 꼽으라면 바로 이겁니다! 이 훈련은 책에 나온 모든 것의 기초가 됩니다. 간단히 말해서 만일 강아지가 여러분을 쳐다보지 않는다면 여러분의 말도 잘 듣지 않을 가능성이 꽤 높습니다! 올바른 '아이 콘택트'를 제대로 잘 수행한다면 다른 모든 훈련의 척추 같은 역할이 될 수 있습니다.

저는 강아지가 언제나 이런 생각을 했으면 좋겠습니다.

- 나에게 이득이 될 만한 일이 있다면 인간을 올려다보자.
    예: 보호자와 교감하면서 놀이 시간을 가지고 싶을 때
- 무언가에 접근하고 싶을 때는 인간을 올려다보자.
    예: 리드줄을 풀고 다른 강아지와 놀고 싶을 때
- 긴장하거나 겁이 나면 인간을 올려다봐야지.
    예: 아이가 킥보드를 타고 다가올 때

특이한 점은 저는 아이 콘택트를 할 때 언어적인 신호를 넣지 않는다는 것입니다. 제가 눈을 마주치라고 강아지에게 요구하는 것이 아니라, 위에서 나온 것처럼 강아지가 좋은 일이 생기기를 바라면서 자발적으로 보호자와 눈을 마주치기를 바랍니다. 어떤 상황에 직면해서 강아지가 나를 쳐다보도록 해야 할 필요성을 느낀다면 이미 열차는 떠났을 가능성이 큽니다. 비유적으로도 그럴 수 있고, 말 그대로도 그럴 수 있지요!

저는 강아지가 항상 '이 인간을 어떻게 잘 가르쳐서 이런저런 것들을 하게 하지?'라고 생각하기를 바랍니다. 예컨대 다음과 같은 것들입니다.

- 어떻게 나와 함께 길을 건너게 하지?
- 어떻게 신호를 주게 하지?
- 어떻게 뒷문을 열도록 하지?
- 어떻게 공을 던지게 하지?
- 어떻게 나와 함께 길을 계속 걷게 할 수 있지?

정답: 인간을 올려다보기!

앞에서는 행동하라는 '신호'를 말로 했었지만, 신호는 사실 여러 가지 형태로 할 수 있습니다. 이에 관해 설명하고 몇 가지 예를 들어 보겠습니다. 반려견 훈련사로서 (좋든 싫든 여러분도 이제 훈련사입니다!) 우리는 신호를 언어적인 명령이라고 생각하는 경향이 있습니다. '앉아!'나 '이리 와!' 같은 것들 말이죠. 하지만 신호는 우리 입에서뿐만 아니라 주변 환경에서도 나올 수 있습니다.

예를 들자면 다음과 같습니다.

- 은신처의 문을 여는 것은 강아지에게 들어가라는 신호일 수 있습니다.
- 간식 봉지를 뜯는 것은 예쁘게 앉으라는 신호일 수 있습니다!
- 초인종 소리를 듣는 것은 강아지더러 날뛰라는 신호일 수도 있고, 보호자를 찾아

가라는 신호일 수도 있습니다. 결정은 여러분의 몫입니다. 강아지가 앞으로 더 했으면 하는 행동을 강화하세요!

저는 되도록 강아지가 일단 눈을 마주치기를 바랍니다. 제가 강아지에게 저를 보라고 요청해야 하는 상황이 있다면, 그것은 아마 동물병원에 갔는데 약간 나이 드신 여성분이 고양이 캐리어를 들고 강아지가 보기도 전에 우리 쪽으로 걸어오는 걸 발견했을 때 정도일 겁니다. 그럴 때면 저는 '이름에 반사적으로 반응하기'나 '리콜'을 활용해 볼 수 있을 겁니다.

아이 콘택트는 또한 수많은 '문제적' 행동에 (강아지보다 보호자에게 문제가 되는 행동인 경우가 많지만) 대응할 수 있는 멋진 '상호 배타적 행동'입니다. 예를 들자면 다음과 같습니다.

- 산책하는 중에 보호자를 올려다보고 있을 때면 강아지는 리드줄을 당기지 못합니다.
- 보호자를 올려다보고 있을 때 강아지는 다른 개들에게 '놀러 가기' 위해서 짖을 수 없습니다.
- 보호자를 올려다보고 있을 때는 공원에서 보호자와 이야기를 나누고 있는 어린이에게 달려들 수 없습니다.

머릿속으로 한 번 그려 보세요. 수긍이 가시나요? 좋아요. 이제 훈련을 시작하겠습니다.

아이 콘택트 훈련 단계

1. 한 손 가득 간식을 움켜쥔 채로 강아지와 함께 바닥에 앉습니다. 간식을 쥔 주먹을 앞으로 내밉니다.

2. 아무 말도 하지 않습니다. 강아지가 손을 핥고 앞발을 여러분 손에 얹는 등의 행동을 하도록 두세요. 강아지는 간식을 얻기 위해 다양한 시도를 할 것입니다. 우리가 원하는 행동을 할 때까지 기다리는 것이 기술입니다.

   강아지의 눈에 시선을 고정하고 있다가 강아지가 여러분을 올려다보는 즉시 '잘했어!'라고 말한 뒤 손에 있는 간식을 주세요. 언제나처럼 여기서도 너무 욕심부리지는 마세요. 이 단계에서는 상체까지만 쳐다봐도 '옳지'라고 말하고 간식을 건네줄 수 있습니다.

3. 계속 반복해 나가면서 기준을 높이고, 행동을 '몸통 응시'에서 '아이 콘택트'로 발전시킬 수 있습니다. 어쨌거나 계속해 봅시다.

4. 간식을 줄 때마다 강아지가 맛있게 다 먹을 때까지 기다리세요. 그런 다음 간식이 들어 있는 손을 앞으로 다시 가져와서 반복합니다.

　　이 훈련을 포함해서 실질적으로 모든 훈련이 최대한 효과적으로 되려면 세 가지의 중요한 요소가 필요합니다.

1. **동기**: 강아지가 간식에 대한 동기가 강한가요? 그렇지 않다면 더 맛있는 간식을 준비하거나, 애초에 방해 요소가 많지 않은 장소에서 훈련을 시작하거나, 다른

시간대에 훈련해 보세요. 강아지들은 집중력을 잃는 것이 아니라, 집중하는 대상을 바꿀 뿐이라는 사실을 기억하세요.

2. **인내심:** 긴장을 푸세요. 경주하는 것이 아닙니다. 강아지에게 음식에 대한 동기가 있어 보인다면, 강아지는 시행착오를 통해서 어떤 행동으로 인해 보상받게 되는지 알아낼 것입니다. (저희 아버지께서는 이렇게 말씀하시곤 하셨습니다. "인내심이 미덕이다. 되도록 인내심을 가져라. 강아지에게는 인내심이 거의 없고, 사람에게는 인내심이 전혀 없다!")

3. **타이밍:** 강아지가 정확히 어떤 행동 때문에 보상받았는지를 깨닫게 하려면, 강아지가 여러분을 쳐다보자마자 정확한 타이밍에 '옳지!'라고 말하며 간식을 주세요.

'옳지'라고 말함으로써 강아지의 행동을 '마크'한다는 것은 음식을 서둘러서 줄 필요가 없다는 뜻입니다. 더욱 완벽한 훈련을 위해 '옳지'라고 말한 다음에 손을 움직여서 음식을 주는 프로세스를 시작하도록 하세요. 두 행동을 분리하는 것입니다. '옳지'라고 말하며 행동을 마크하지 않는다면, 강아지는 음식을 맛있게 먹기만 할 뿐 그것을 왜 얻게 되었는지는 모를 것입니다. 그러면 다음에 어떤 행동을 다시 해야 좋을지 알 수 없습니다.

모든 다른 훈련과 마찬가지로 반복, 반복, 반복하세요. 행동을 보증할 수 있도록 위의 행동을 다양한 장소에서 시도하세요. 처음에는 짧고 굵게 진행하는 것이 좋습니다. 동기가 웬만큼 있다면 5~10분간의 세션에서 10~15번의 '아이 콘택트'를 해서 강화할 수 있겠습니다. 세션을 마라

톤처럼 진행하다 보면 강아지의 동기가 사그라들게 되고, 그러면 강화의 효과가 떨어져서 결과적으로 발전이 더뎌집니다. 그보다는 일과 중에 다양한 장소에서 여러 번의 짧은 세션을 하는 편이 낫습니다.

지속시간 늘리기

위의 1~4번에서는 아이 콘택트를 유도한 다음에 즉시 그 행동을 강화하는 데 중점을 두었습니다. 실제 상황에서 아이 콘택트를 더 오래 하고 싶다면, (예를 들어 무서운 개가 지나갈 때) 그리고 여러분의 '연결 지속력'을 키우고 싶다면 훈련 지속시간을 약간씩 늘려 나가기로 합시다.

1. 강아지가 '바라보는 기계'가 될 때까지 위의 단계를 완료하세요!

2. 강아지가 눈을 마주치면 1초간 기다렸다가 '옳지'라고 말하며 강화합니다. 반복, 반복, 반복하세요.

3. 강아지가 여러분과 눈을 마주치면 2초 기다렸다가 '옳지'라고 말한 다음 강화하세요. 반복, 반복, 반복하세요.

4. 계속해서 각 섹션마다 아이 콘택트 지속시간을 늘리세요. 가끔은 1초 혹은 2초의 짧은 지속시간을 중간중간 넣어서, 강아지가 언제쯤 '옳지'라는 말이 나올지 예측할 수 없도록 계속 집중하게 만드세요. 자판기 말고 과일 그림이 그려진 슬롯머신에서 나오는 보상을 생각해 보세요.

흥을 돋웁시다!

여러분이 강아지와 앉자마자 주먹 쥔 손을 앞으로 내밀면, 강아지가 즉각적으로 여러분과 눈을 마주치나요? 그래요? 좋아요! 그럼 좀 더 신나게 해 봅시다!

강아지가 보호자를 바라봄 = 좋은 것 = 간식이라는 공통 분모를 유지하되, 가끔 상황을 바꿔서 주변에서 어떤 일이 벌어지더라도 강아지가 의연하게 아이 콘택트를 하도록 만드세요.

의자에 앉아서 하거나 서서 하거나 장난스레 누워서도 해 보세요. 학교 교문, 아이스크림 트럭, 공원 근처에서도 해 보세요.

일반적인 믿음과는 달리 연습한다고 완벽해지는 것이 아닙니다. 완벽하게 연습해야 완벽해지는 것이죠. 그러니 정확한 기준을 설정하고, 생각할 수 있는 모든 방해 요소를 거쳐서 강아지와 완벽한 아이 콘택트를 할 수 있도록 하세요.

🐾 사례 연구: 로레인과 앵거스 🐾

저는 로레인 켈리$^{Lorraine\ Kelly}$와 로레인의 귀여운 보더 테리어 강아지인 앵거스와 함께 ITV의 아침 프로그램인 '로레인^{Lorraine}'에 두어 번 게스트로 출연하는 기쁨을 누린 적이 있습니다. 로레인은 물기, 배변 훈련, 리콜, 다른 개에게 인사하기 등 반려견과 관련한 일반적인 문제를 겪고 있었습니다.

그런데 로레인의 접근 방식에서 훌륭했던 점은 앵거스를 거의 처음부터 스튜디오로 데려왔다는 것입니다. 방해물이 있는 훈련에 관해 이야기할 때 TV 스튜디오보다 더 산만한 환경이 또 있을까요? 앵거스는 운 좋게도 로레인이 일하는 장소에 매일 함께 가고 있었기 때문에 우리는 시급히 아이 콘택트를 가르쳐야만 했습니다. 앵거스와 로레인이 주변 상황에 개의치 않고 항상 같은 '주파수'를 유지할 수 있도록 말이지요. 앵거스는 '엄마'와 눈을 마주치는 행동이 훈련, 애정, 재미, 안전 등 좋은 일로 가는 모든 통로라는 것을 알고 있었기 때문에 둘은 사이가 매우 좋았습니다. 모두 아이 콘택트와 로레인의 노력 덕분이지요.

14
루즈 리드 워킹

루즈 리드 워킹 loose lead walking 이란 무엇이며, 왜 가르쳐야 할까요?

강아지가 편안하고 행복하게 보호자와 함께 걷고 있습니다. 보호자는 강아지의 하네스와 연결된 리드줄을 쥔 채로 함께 걷고 있고, 리드줄은 '미소'를 짓고 있습니다. 보호자와 함께 주기적으로 산책하며 즐겁게 탐색하고 '바깥' 세계와 상호작용하는 것은 강아지의 삶의 질에 있어 아주 중요합니다. 강아지와 함께 산책하는 것은 보호자의 삶에서도 매우 즐거운 활동이 될 수 있습니다. 하지만 '루즈 리드 워킹'을 제대로 가르쳐 놓지 않는다면, 산책이 상상할 수 있는 최악의 경험이 될 수도 있습니다. 리드줄이 필요 이상으로 팽팽해지면 보호자와 강아지 모두에게 신체적인 (그리고 정신적인!) 압박이 가해질 수 있습니다.

강아지들은 왜 리드줄을 잡아당길까요?

우위를 점하려고? 아닙니다!
무리의 리더가 되고 싶어서? 아닙니다!
강아지가 일반적으로 사람보다 빨리 걷기 때문에? 맞습니다!
우리의 임무는 반려견들이 우리와 '함께' 걷는 것이 가장 좋은 결과를 가져오는 행동이라고 가르치는 것입니다. 향긋한 냄새, 공원, 다른 개 등 좋은 곳에 가장 빨리 도달할 수 있는 방법은 느슨한 리드줄에 연결된 채로 함께 걷는 것입니다.

루즈 리드 워킹 훈련 단계

이전 장에서 언급했듯이 강아지가 가만히 있을 때 보호자를 확인한다면 '아이 콘택트'를 하고 있는 것입니다. 강아지가 움직이는 중에 보호자를 확인한다면 '루즈 리드 워킹'을 하는 것입니다! 이미 아이 콘택트에 투자해서 루즈 리드 워킹의 기초를 닦아 놨으니, 이제 한 단계 더 나아가서 아이 콘택트를 루즈 리드 워킹에 접목해 보세요. 강아지가 이동 중에 보호자를 쳐다보면서 동시에 리드줄을 당기지는 못한다는 이론을 확인해 보는 겁니다.

1. 리드줄을 분리한 상태에서 시작합니다. 선 채로 간식을 가득 쥔 주먹을 앞으로 내밉니다. 강아지가 여러분을 따라올 수 있도록 작은 보폭으로 천천히 뒤로 걷습니다. 강아지가 움직이면서 여러분을 쳐다보면 '옳지!' 하고 강화합니다.

2. 계속해서 조금씩 뒷걸음질 치면서 강아지가 이동 중에 여러분을 볼 때마다 강화합니다.

3. 방향을 바꿔 보세요. 뒤로 걷는 대신 왼쪽, 오른쪽으로도 작게 걸음을 걸어보거나 천천히 아치형으로도 걸어 봅니다. 이제까지와 마찬가지로 강아지가 이동 중에 보호자를 쳐다볼 때마다 '옳지'라고 말하며 강화하세요. 잘하고 있습니다!

4. 위와 마찬가지로 하되, 이제 강아지의 주의를 분산시키기 위해서 가벼운 리드줄을 하네스에 연결합니다. 강아지가 이동 중에 아이 콘택트를 하면 마크하고 강화하세요. 이 단계에서는 작은 발걸음으로 천천히 움직이되, 리드줄을 밟지 않도록 조심하세요.

5. 위와 마찬가지로 하되, 리드줄을 잡고 하세요.

6. 위와 마찬가지로 하되, 위치를 변경해서 하세요.

7. 위와 마찬가지로 하되, '정상' 동작과 보통의 보폭으로 앞으로 걷기를 좀 더 많이 하세요.

8. 행동을 '보증'하기 위해 가능한 한 여러 위치에서 시도해 보세요.

짠! 여러분의 강아지는 '루즈 리드 워커'가 되었습니다! 여러분과 강아지 모두가 편안하게 산책을 즐길 수 있을 것입니다. 꽉 조이는 리드줄을 잡아당기다가 강아지의 가냘픈 몸이 다칠 일도 없고, 여러분의 양쪽 쇄골뼈도 안전할 것입니다. 득점!

강아지에게 아이 콘택트 '소프트웨어'를 업로드했으니, 이제 루즈 리드 워킹으로 업그레이드하면 아주 훌륭하겠습니다. 그런데 강아지 훈련의 미덕은 재료만 알면 원하는 만큼 다양한 레시피를 만들 수 있다는 것입니다. 아래에서 다른 루즈 워킹 기법을 몇 가지 알아봅시다.

취한 개 산책법

저는 수년간 강아지 그룹수업을 하면서 빠르게 성과를 내기 위한 방법으로 '취한 개 산책법'을 개발했습니다. 언젠간 멋지게 TM이나 ©같은 표시를 붙여야 하게 될지도 모르지만, 여러분은 마음껏 쓰시기를 바랍니다.

강아지가 착용하고 있는 편안한 하네스에 1.5미터 길이의 긴 리드 줄을 연결한 뒤 시작하세요. 여러분의 두 손은 벨트 버클 부분으로 모아주세요. 만일 여러분이 자신도 모르게 자꾸 리드줄을 꽉 움켜쥐는 타입이라 리드줄을 불필요하게 꽉 쥔다면, 두 손을 모으고 두 엄지손가락을 바지 주머니 위쪽에 집어넣으세요. 그러면 여러분의 '상호 배타적 행동'이 완성됩니다! 간식 주머니에 작고 근사한 간식들이 충분히 들어 있는지 확인한 다음 허리에 차세요. 출발하기 전에 아이 콘택트 연습을 몇 번 반복해서 강아지가 이제 보호자와 주파수를 맞출 시간이라는 것을 알 수 있도록 강화하세요.

1. 최대한 '반려견 훈련사 같지 않은 스타일'로 어떤 방향으로든 다섯 걸음 이상이 되지 않도록 아주 천천히 걸으세요. 직선으로 빠르게 걷지도 말고, 90도로 꺾어서 걷지도 마세요.(훈련사와 90도로 꺾어서 걸어가는 것이 무슨 상관이냐고요? 공원에서 그렇게 걷는 사람은 본 적이 없거든요!) 작은 걸음으로 앞으로 걷다가, 초승달 모양으로 걷다가, 뒤로도 걸어 보세요. 계속 방향을 바꾸면서 느릿하게 살살 걷습니다. 토요일 새벽 3시에 현관문을 열려고 애쓰며 주춤거리는 걸음이 그려지시나요? 그 모습을 본떠 '취한 개 산책법'이라는 이름을 붙였답니다.

2. 이렇게 해 보세요. 움직이는 와중에 리드줄이 느슨해지면 '옳지'라고 말한 다음 강아지에게 간식을 주세요. '움직이면서' 간식을 주는 것이 이상적입니다. 인간이 서 있을 때뿐만 아니라 걷고 있을 때도 뭔가 좋은 것이 나올 수 있다는 것을 가르칠 좋은 기회입니다. 가만히 서 있을 때만 강아지에게 간식을 준다면, 강아지는 우리가 움직일 때 금방 자리를 벗어날 것입니다.

강화물 배치

강아지도 우리와 마찬가지로 자신이 좋아하는 것이 있는 곳에서 놉니다. 앞으로 강아지가 보호자의 왼편에서 걷기를 원한다면, 거기서 간식을 주면 됩니다. 강아지가 보호자의 오른편에서 걷기를 원한다면, 좋습니다. 그쪽에서 간식을 주면 됩니다. 참고로 많은 반려견 훈련 클럽에서는 반려견이 보호자의 왼쪽에서만 걸어야 한다는 유서 깊은 (말도 안 되는) 규칙이 있습니다. 이것은 별다른 의문 제기 없이 주입된 여러 규칙 중 하나에 불과합니다. 혹시 이유를 물어본 적이 있나요? 원래의 이유는 군견 훈련사들이 개를 훈련하던 시절, 총을 쉽게 잡고 발사할 수 있도록 모든 개를 왼편에 붙어서 따라가도록 훈련했기 때문입니다. 오늘날에는 제가 보호자들을 가르치며 총을 쏘라고 요구할 일은 없으니, 더 이상 논쟁은 무의미합니다. 여러분이 가장 편한 방법으로 하세요.

몇 번의 짧은 세션이 끝났다면, 이제는 수준을 높일 시간입니다. 이전처럼 시작해서 리드줄이 느슨해졌을 때 '옳지'라고 말하며 간식을 주는 훈련을 초기에 몇 번 반복합니다. 그다음 번에는 천천히 움직이다가 리드줄이 느슨해졌을 때 바로 '옳지'라고 말하거나 간식을 주지 말고 기다리세요.

여기서 우리는 강아지가 스스로 이렇게 생각하도록 교육하려는 것입니다. '지금 내 친구 옆에서 걷고 있는데, 하네스에 연결된 리드줄이 팽팽한 느낌이 안 드네. 그럼 난 간식을 먹을 자격이 있어. 내 간식 어딨지?'

강아지가 '이봐, 내 간식 어딨어?'라는 듯 기대에 찬 눈빛으로 여러분을 올려다본다면, 그때 '옳지!' 하고 강화하세요.

이제 우리는 새로운 기준이 생겼습니다. 그리고 실제로 강아지가 이동 중에 보호자를 올려다보고 눈을 마주치는 행동에 대한 결과로 간식을 주고 있습니다. 이동 중에 아이 콘택트를 한다는 것, 그게 바로 꿈의 루즈 리드 워킹이지요!

너무 서두르지 마세요. 다른 책이나 훈련사들이 하는 말과는 달리, 루즈 리드 워킹은 굉장히 어렵습니다! 꾸준히 하되, 늘 그렇듯이 최대한 여러 장소에서 훈련해서 기반을 탄탄하게 다져 놓으세요.

처음에는 세션을 짧게 유지합니다. 세션당 5~10분 정도로 시작하면 좋습니다. 지금은 '훈련 시간'이라는 것을 강아지가 알 수 있게 진행하세요. 훈련 시간은 언제나 '즐거운 시간' 또는 '멋진 기회의 창이 열리는 시간!' 아니면 줄여서 '멋기창열'이라고 바꿔 말할 수 있어야겠지요. (멋진 화가 혹은 가수 이름을 외쳐 부르는 느낌이네요.)

저는 강아지에게 "훈련 좀 해 볼까, 친구?"라고 말하며 간단한 놀이를 통해 '훈련 시간'임을 알려 줍니다. 그런 아이 콘택트를 몇 번 반복해서 훈련 모드에 돌입합니다. 바보같이 들릴 수도 있겠지만, 서로에게 집중할 수 있는 좋은 방법입니다. 댄스 레슨을 받는데 레슨이 언제 진행되는지 전혀 모른다고 상상해 보세요. 뒤죽박죽이 될 겁니다.

3D 적용하기

함께 몇 걸음을 걷다가 이따금 강아지가 여러분을 올려다보게 되면, 앞서 언급한 세 가지의 D를 조작해 볼 수 있습니다. 이제는 세 가지

D라는 개념에 익숙해지셨을 텐데, 여기서는 루즈 리드 워킹과 관련해서 설명해 보겠습니다.

Distance(거리두기)

이동 중에 리드줄이 느슨해지자마자 보상하기보다는, 두세 걸음 정도 더 걸은 다음에도 리드줄이 여전히 '스마일'을 유지하고 있다면 '옳지'라고 말하며 강화하세요. 그런 다음엔 네다섯 걸음, 그다음 번에는 다섯 걸음 이상 더 가서 반복해 보세요.

Duration(지속시간)

이동 중에 리드줄이 느슨해지자마자 보상하거나 강화하기 전에 걸음 수에 집중하는 대신, 이번엔 걸음의 속도를 바꿔서 어떨 때는 빠른 속도로 두세 걸음 걷기도 하고, 어떨 때는 두세 걸음을 느릿느릿 걷기도 해 보세요. 여기에서 설정 기준은 느슨한 리드줄의 지속시간입니다. 리드줄이 느슨해지고 나서 2~3초 후에 보상해 보고, 그다음엔 4~5초 후에 보상하고, 그다음에는 5초 이상 지난 뒤 보상하는 것입니다.

Distraction(주의분산)

위와 같이 하되, 다양한 장소에서 연습하다 보면 자연스레 여러 주의산만한 요소가 있는 환경에서 훈련하게 됩니다. 하지만 항상 성공을 목표로 하세요. 특정 환경이 강아지의 주의를 너무 분산시킨다면, 그 환경은 강아지에게 너무 산만한 환경인 겁니다. 다른 곳으로 이동하거나 그냥 휴식을 취하세요. 루즈 리드 워킹에 대한 걱정은 잠시 미뤄 두고 강아지와 함께 앉아서 주위 환경을 보고, 배우고, 흡수할 수 있도록 하세요. 강아지가 뭔가를 확인하고 싶어 한다면 확인하게 해 주세요. 훈련사 역할을 고집해서 강아지와 갈등을 일으키지 마세요.

우리에겐 내일이 있습니다.

관계를 잘 유지하는 것이 우선입니다.

안티 훈련사의 루즈 리드 워킹법

여기 모든 전문가를 화나게 하는 방법이 있습니다! 아래에 언급된 방법들은 제가 개발한 것인데, 언뜻 보기에 약간 엉뚱해 보일 수도 있겠지만, 그 안에 나름의 방식이 있답니다. 설명해 보겠습니다.

우리의 목표는 강아지가 리드줄을 당기지 않는 것입니다. 줄을 당긴다는 것의 정의는 강아지와 보호자 사이의 줄이 팽팽한 채로 몇 걸음을 걷는 것입니다. 스스로 행동을 교정하는 강아지로 만들어 낼 수 있다면 어떨까요? 분명 아주 부자가 될 겁니다!

스스로 행동 교정하기 훈련 단계

1. 가만히 서서 아이 콘택트 연습을 몇 번 반복합니다. 이렇게 하면 강아지도 그곳에 머물게 할 수 있을뿐더러, 보호자가 '옳지!'라고 말할 때는 간식이 주어진다는 점도 상기시킬 수 있습니다.

2. 리드줄을 끝까지 길게 잡고, 두 손은 벨트 버클 부분으로 모아 둡니다. 천천히 작은 걸음을 내디디며 일직선으로 걷기 시작합니다.
3. 리드줄이 팽팽해지자마자 '옳지'라고 말한 다음 강아지에게 간식을 줍니다. 머리가 폭발하겠지요.

걱정하지 마세요. 리드줄을 잡아당기는 것을 강화하는 것이 아닙니다. 우리가 지금 하는 것은 스스로 행동 교정을 하는 강아지로 만드는 것입니다. 저를 한 번 믿어 보세요. 전 이 일로 먹고 사는 사람이니까요!

기억할 점은 리드줄을 잡아당긴다는 것은 강아지와 보호자 사이의 리드줄이 팽팽한 상태로 몇 걸음을 걷는 것을 의미한다는 것입니다.

프로세스는 두 단계로 진행됩니다.

1. 리드줄이 팽팽함 = '옳지' = 보호자가 간식을 줌
2. 리드줄이 팽팽함 = 간식을 기대하며 보호자를 돌아봄 = '옳지' = 간식을 얻음

1단계를 몇 번 반복해서 보호자를 확인하는 것과 리드줄 사이의 관련성을 만들어 냅니다. 리드줄이 팽팽해졌을 때 보호자가 '옳지'라고 말하기도 전에 강아지가 보호자를 돌아보면 2단계로 넘어갈 수 있습니다. 강아지에게 음식을 먹고 싶어 하는 동기가 있다면, 간식을 얻을 수 있다는 걸 예측할 수 있는 요인을 파악하게 되자마자 더 이상 리드줄을 잡아당기지 않을 것입니다.

이 방법은 훈련을 빠르고 효과적으로 진행할 수 있게 해 줍니다. 강아지가 '스스로 행동 교정'을 하고 보호자를 돌아보도록 강화한 다음에

는, 더욱 논리적인 관점에서 훈련을 계속 진행할 수 있습니다. 즉, 리드줄을 느슨하게 한 상태에서 강아지와 함께 걸으면서 간헐적으로 강화하는 것입니다. 거리두기, 지속시간, 주의분산을 계속 적절히 조정해 나가면서 말이죠.

흥을 돋워 봅시다!

루즈 리드 워킹 세션을 진행하면서 이미 강아지에게 가르쳐 놓은 작은 신호들을 던지는 것에 겁먹지 마세요. 예를 들어 몇 걸음 걸은 다음 '앉아'라고 말한다거나, 아니면 '노즈 타깃'이나 '냉장고로!'처럼 아주 멋진 신호들이 있을 수 있습니다.

🐾 사례 연구: 개는 아무 말도 하지 않았다. 🐾

실화입니다! 저의 공원 목격담 중에서 제가 가장 좋아하는 이야기죠. 저는 보호자 한 분과 그분의 반려견 한 마리와 함께 리치몬드 파크에서 1대1 루즈 리드 워킹 훈련 세션을 진행하고 있었습니다. (참고로 리치몬드 파크는 유튜브에서 '펜턴Fenton' 열풍을 일으킨 곳입니다. 여러분의 반려견이 리콜을 잘하지 못한다고 생각하신다면, 유튜브에서 영상을 찾아서 47초의 광란을 즐겨 보세요!)

어쨌거나, 제가 훈련하고 있던 보호자와 그 반려견은 환상적으로 잘 해내고 있었고, 배운 모든 것을 활용해서 사랑스럽고 느슨하게 '스마일'을 그리는 리드줄로 연결된 채 길을 걷고 있었습니다. 반대 방향에서는 한 남자가 저먼 셰퍼드를 데리고 오고 있었는데, 오히려 개가 리드줄을 잡아당기고 남자가 그 뒤를 따라가고 있었습니다. 절대 과장한 것이 아닙니다. 그 남자는 지쳐 있는 데다가 엄청나게 격분한 표정이었습니다. 줄을 끌어당기지 못하게 하려고 마지막으로 안간힘을 쓰던 그는 하던 것을 멈추고, 개에게 손가락질하면서 걸어가더니 이렇게 말했습니다. "이봐! 집에서 나오기 전에 이러지 않기로 약속했잖아!"

개는 아무 말도 하지 않았습니다.

저는 그 남자에게 제 명함을 건네주었습니다.

15
리콜

리콜은 어떤 모습일까요?

'이리 와!'라고 부르자마자 퓨마와 같은 속도로 보호자에게 우당탕탕 달려오는 것이지요!

왜 리콜을 가르쳐야 할까요?

리드줄을 풀 수 있는 공원에 강아지를 데리고 나갈 계획이라면 안전을 위해서, 그리고 강아지와 보호자 모두에게 최대한 즐거운 외출이 될 수 있도록 멋진 '리콜'을 준비해 두는 것이 필수입니다. 만일 강아지가 공원 밖으로 뛰어든다거나 그 외 다른 위험한 상황이 생겼을 때 잘 훈련해 둔 리콜이 강아지의 생명을 구할 수도 있습니다. 그만큼 리콜은 중요한 것입니다.

리콜 훈련 단계

사실 리콜을 가르치는 방법은 선택의 폭이 너무 넓어서 고르기 어렵기 때문에 여러분을 위한 보너스 트랙을 추가했습니다. 아래에서 강아지를 '토털 리콜러 total recaller'로 훈련하는 방법과 기술을 소개합니다! 한 가지 방법만 고르지 마시고, 흥미롭고 재미있는 훈련이 될 수 있도록 세션을 진행할 때마다 다른 장소에서 하나씩 모두 시도해 보세요.

시작하기 전에 몇 가지 주의 사항이 있습니다. 모든 리콜 훈련에서는 강아지가 여러분에게 걸어오는 것이 아니라 달려오도록 강화해야 합니다. 통제된 훈련 시간에 느리고 의욕 없는 거닐기가 '만족스러운' 것으로 간주된다면 다른 개, 새, 똥 등의 방해 요소가 추가된 공원에서 리콜을 진행할 때 쉽게 궤도에서 벗어나게 될 것입니다.

'이리 와!'는 언제나 보호자가 좋은 것을 줄 것이라고 예측할 수 있는 친근한 신호여야 합니다. 아무리 목에 핏대를 세우고 싶더라도 절대 화난 목소리로 강아지를 부르지 마세요! 화난 목소리나 보디랭귀지는 좋은 일들을 예측할 수 없게 만듭니다. 이는 여러분의 신호에 '독'을 타는 것이나 마찬가지이며, 향후 리콜을 했을 때 강아지가 망설일 수 있습니다.

또한 리콜 신호는 매우 강력해야 합니다. 강아지가 여러분의 신호를 무시하는 습관이 생기지 않도록 말이지요. '이리 와!'라고 한 번 불렀을 때 100% 강아지가 올 것이라고 확신할 준비가 되어 있지 않다면 부르지 마세요. 직접 가서 강아지를 데려오세요. 운동은 여러분의 몸에 좋으니까요!

마지막으로 보상을 후하게 하세요. 앞서 말했듯이 리콜이 잘 되어 있으면 목숨도 구할 수 있습니다. 훌륭한 투자 대상이니 아낌없이 강화하세요.

절도 있는 리콜

이번 연습에는 두 명의 사람이 필요합니다. (여러분과 또 다른 한 명이 있으면 되지요. 그 사람을 '우드하우스'라고 부르겠습니다.)

1. 여러분이 손에 쥔 간식을 강아지에게 보여 주는 동안 우드하우스는 몸을 수그려서 강아지의 하네스를 부드럽게 잡고 있도록 하세요.

2. 우드하우스가 강아지의 하네스를 계속 잡고 있는 동안 달아나세요. 10미터 정도 떨어지게 되면, 강아지를 풀어 주도록 하세요. 강아지는 여러분을 향해 전력 질주할 것입니다. 강아지가 달려오는 즉시, 여러분은 계속 뛰면서 크고 밝은 목소리로 '이리 와!'라고 외칩니다. 이렇게 해서 여러분은 '여러분에게 달려오는 행동'과 '이리 와!'라는 신호를 짝지어 주게 됩니다. 공원에 있을 때 궁극적으로 활용할 수 있는 것을 훈련하고 연습하려는 것입니다. 공원에서는 강아지가 멀리 떨어져 있을 때 큰 소리로 강아지를 부르게 될 것이므로, 신호가 한결같이 통하도록 만드는 것입니다.

3. 강아지가 여러분을 따라잡자마자 몸을 숙여서 크게 칭찬해 주고, 들고 있던 간식으로 보상하세요.

4. 위의 과정을 여러 번 반복하세요. 그다음에는 우드하우스가 강아지를 풀어주기 직전에 '이리 와!'라고 말하면서 반복하세요. 이제 모든 것이 올바른 순서로 이루어졌습니다. '이리 와!' = 강아지가 보호자에게 옴 = 강화 = 행복한 강아지+ 행복한 보호자 = 저의 행복입니다!

추가적인 팁: 강아지가 보호자를 따라잡을 때의 강아지 속도를 유지하려면, 강아지가 보호자에게 도달하기 직전에 강아지가 달리는 방향으로 간식을 던져 보세요.

흥을 돋워 봅시다!

위와 같이 1~4단계를 통과했다면, 이제는 '리콜 투우사'로 변신해서 조금 더 신나게 즐겨 보세요!

1. 강아지가 여러분을 따라잡으면, 강아지를 마주 보고 여러분의 다리 사이로 간식을 던져서 강아지가 여러분의 다리 사이에 있는 간식을 향해 달려오도록 합니다. 이렇게 하면 강아지가 5미터 떨어진 곳에서 브레이크를 밟지 않고, 바로 가속해서 다리 사이를 지나가기 때문에 리콜 속도를 높일 수 있습니다.

2. 강아지가 위의 과정에서 얻은 간식을 다 먹은 다음에 여러분을 올려다보면, '이리 와!'라고 말한 다음 여러분의 다리 사이로 간식을 하나 더 던져줘서 달려올 수 있도록 합니다.

3. 강아지가 간식을 먹으면, 반대 방향으로 뛰어가서 강아지와 여러분 사이의 거리를 넓힌 다음에 다시 강아지를 마주 보고 리콜 게임을 하세요. '따라잡기', '쫓아가기' 같은 흥미진진한 게임으로 바꿔서 더욱 재미있게 만듭니다.

4. 강아지가 보상받기 위해 여러분의 다리 사이로 전력 질주할 때마다 그다음에는 점점 더 거리를 넓히세요.

5. 참고로, '올레!'와 같은 감탄사를 외칠 필요는 없습니다.

리콜 회로

이번에는 공간이 좁고 제한적이거나, 아니면 불러서 부탁할 만한 '우드하우스'가 없을 때 할 수 있는 멋진 리콜 연습을 해 보겠습니다! 공간이 좁다는 건 지평선 너머의 잠재적인 방해물에 부딪힐 가능성이 적다는 뜻도 되기 때문에 이 연습은 공원에서 해도 좋습니다.

1. 화분과 같은 표시물을 세 개 사용하거나 상상력을 잘 발휘해서 한 변에 열 걸음 정도 되는 크기의 삼각형 모양을 바닥에 배치합니다. 강아지와 함께 첫 번째 지점에 서세요. '이리 와!'라고 말하며 재빨리 여러분의 발밑에 간식 서너 개를 놓아둔 다음, 강아지가 먹기 시작하면 두 번째 지점으로 슬그머니 이동합니다. 강아지가 여러분 바로 옆에 있더라도 간식을 바닥에 놓아두기 전에 '이리 와!'라고 외쳐야 합니다. '이리 와!'라는 소리에 무엇을 예측할 수 있는지 (그것은 바로 좋은 것이죠!) 보여 주기 위해서 공짜로 주는 기회입니다.

2. 이제 두 번째 지점에 서서 첫 번째 지점의 바닥에 놓인 간식을 먹는 강아지를 바라봅니다. 강아지가 간식을 다 먹고 고개를 들자마자 '이리 와!'라고 외치며 간식 서너 개를 발 옆에 다시 놓습니다.

3. 강아지가 간식을 먹으려고 2번 지점에 오자마자 3번 지점으로 달아납니다.

4. 강아지가 2번 지점에서 간식을 다 먹고 쳐다보자마자 여러분은 3번 지점에서 '이리 와!'라고 외친 다음, 발 근처에 간식 서너 개를 놓아서 강아지가 달려올 수 있도록 합니다.

5. 무한 반복하세요!

간식을 한 번에 한 개씩만 놓지는 마세요. (구두쇠 같잖아요!) 서너 개를 놓아두라고 하는 이유는 강아지가 간식을 주워 먹는 동안 여러분이 삼각형의 다음 지점까지 가는 데 필요한 시간을 벌 수 있기 때문입니다. 이렇게 하면 추후 리콜에 거리두기를 추가하는 데 도움이 될 것입니다.

받침점 리콜

앞의 두 가지 리콜 연습을 하면서 에너지 소모가 큰 운동을 해야 한다는 점이 못마땅하신가요? '이럴 거면 금붕어를 키우는 게 나았겠다.' 싶죠?

알겠습니다. '받침점 리콜' 훈련은 걷다가 갑자기 멈출 필요 없이 평소 산책에 자연스레 녹여낼 수 있는 정말 좋은 훈련입니다. 보호자는 마치 지렛대의 받침점처럼 강아지의 모든 움직임에 있어 '중심'이 되기 때문에 이를 받침점 훈련이라고 부릅니다.

1. 강아지에게 보호자의 왼쪽으로 간식을 던지는 모습을 보여 줍니다.

2. 강아지가 간식을 먹고 올려다보면 '이리 와!'라고 외칩니다. 신호를 듣고 강아지가 달려올 때 자신의 오른편으로 간식을 던집니다.

3. 느리고 차분하게 계속 걸으며 강아지가 올려다볼 때까지 기다렸다가 '이리 와!'라고 말하며 다시 왼쪽으로 간식을 던져 줍니다.

받침점 리콜은 일상에서 산책하는 중간에 시간 간격을 임의로 조정하면서 해 볼 수 있는 훈련입니다. 보호자는 리콜을 강화할 수 있고, 강아지는 리콜 게임이 다시 시작될 것을 기대하면서 바깥에 나갔을 때 보호자를 예의주시할 만한 가치가 있다는 것을 배우게 됩니다!

리콜 '캡처'하기

강아지가 산책할 때 신호를 주지 않았는데도 다가오는 등 여러분이 바람직하게 여기는 행동을 한다면, 맛있는 간식을 제공해서 그 행동을 '캡처'하세요. 캡처된 행동이 강화되면, 앞으로 그 행동을 반복할 가능성이 커집니다. 강아지가 하는 훌륭한 행동 중 캡처해서 강화할 것은 아주 많으니까 강아지의 '할 일 목록'을 여러분이 선호하는 행동으로 채울 기회를 놓치지 마세요! 보상받은 행동은 반복됩니다!

강아지의 리콜을 계속 발전시키려면, 위의 연습을 다양한 장소에서 연속적으로 진행하면서 그 행동을 실제로 '보증'하고, 신뢰도를 가능한 한 최대로 높이세요. 다른 사람이 뭐라고 하든 (자랑하든 말든) 100% 완벽하게 리콜을 하는 개는 없으니, 리콜은 현재 진행 중이며 앞으로도 그럴 것이라는 점을 인지하고 계시길 바랍니다.

즐거운 여행 되세요.

비상 리콜

그런데 아직 리콜을 가르치지 않았는데 실수로 리드줄을 놓쳤다면 어떻게 해야 할까요? 잘 가르쳐 놓았다고 생각했던 리콜이 생각보다 신뢰할 수 없는 수준이라는 걸 깨닫게 되었다면 어떻게 해야 할까요? 리드줄에서 풀려난 강아지가 떠돌아 다니면서 돌아오지 않는다면요?

이런 일이 발생한다면, 그건 훈련 기회가 아닌 비상 상황입니다. 만일 여러분이 우사인 볼트 같은 스피드를 탑재하고 있는데 강아지는 그렇지 않다면(예를 들어 불도그라면), 문제가 생기기 전에 달려가서 강아지를 잡으세요. 하지만 강아지가 '나 잡아 봐라!' 하는데 여러분이 잡지 못할 것 같을 때에는 아래 방법 중에서 하나를 써 보세요.

바닥에 누워서 다리를 공중으로 차면서 이상한 소리를 내 보세요. (이때, '리콜을 미리 잘 가르쳐 놓을 걸!'이라는 생각이 들겠죠!) 이 이상한 상황은 호기심 많은 강아지를 보호자에게로 다시 끌어들이는 역할을 할 수도 있습니다.

강아지와 반대 방향으로 뛰어가세요. 이렇게 하면 강아지가 버려질까 봐 두려워서 보호자를 쫓아갈 수도 있습니다.

강아지가 가장 좋아하는 장난감을 꺼내서 여러분이 직접 가지고 노세요. 여러분이 즐거운 모습을 보이면 강아지도 함께 놀고 싶어질 것입니다.

말씀드렸다시피 위 세 가지 방법 중 그 어떤 것도 훈련법이 아닙니다. 리콜을 가르쳐서 탄탄하게 보증해 놓지 않았을 때 사용할 수 있는 비상 옵션일 뿐이죠.

리콜과 관련해서 가장 중요한 점은 아마도 다음과 같은 간단한 사실일 겁니다. 바로 강아지와 함께 외출할 때는 조심해야 하고, 안전하지 않은 상황에서는 리드줄을 풀지 않는다는 것입니다. 강아지는 너무나도 소중하니까요.

🐾 사례 연구: 어떤 교훈적인 이야기 🐾

리콜을 제대로 하지 못하면 잠재적으로 위험할 뿐만 아니라 상당한 비용이 발생할 수도 있습니다! 저는 운 좋게도 TV 진행자인 그레이엄 노튼 $^{Graham\ Norton}$의 두 살짜리 반려견을 훈련하는 데 도움을 줬던 적이 있습니다. 베일리라는 이름의 이 개는 정말로 평생토록 사랑받아 마땅한 래브라두들이었지요. 그레이엄을 처음 만났을 때 그는 책임감 있는 다른 보호자들과 마찬가지로 여분의 배변 봉투와 충분한 간식을 챙긴 뒤 리드줄을 쥐고 나서야 산책에 나선다고 말했습니다. 하지만 베일리는 하이드 파크에 떡하니 펼쳐져 있는 피크닉 공간을 습격하느라 리콜 신호를 무시하곤 했지요. 그레이엄이 챙겨야 할 것은 간식과 배변 봉투 외에 또 한 가지 있었습니다. 끊임없이 뛰어다니는 베일리를 따라다니면서 키슈 로렌(베이컨이 들어간 에그타르트)에 강아지 발자국이 찍혀 버린 사람들에게 10파운드씩 보상금을 나눠주기 위해 산책 전에 현금 인출기에서 지폐를 뽑아 오는 것이었죠.

우리는 몇 발짝 뒤로 물러서 있기로 했고, 훨씬 덜 산만한 환경에서 베일리에게 '이리 와'의 가치를 가르쳤습니다. 몇 주에 걸쳐서 우리는 리콜 회로를 계속해서 만들어 나갔고, 베일리가 자발적으로 그레이엄의 눈을 마주칠 때마다 틈틈이 최대한 강화해 주었습니다. 중요한 것은 베일리가 리콜에 즉각적이고 성공적으로 응답할 수 있다는 확신이 들지 않는 곳에서는 리드줄을 풀지 않았다는 것입니다.

시간이 흘러 최대한 많이 산만한 환경에서 연습한 결과, 베일리의 리콜이 점점 강력해졌고, 결국 그레이엄은 날뛰는 베일리 때문에 이상한 스카치 에그(삶은 달걀을 다진 소고기로 감싸 튀긴 영국 요리)와 씨름할 필요 없이 하이드 파크에서 산책할 수 있게 되었습니다.

16
노즈 타깃

노즈 타깃 Nose Target 은 어떤 모습일까요?

손을 내밀고 '터치'라고 말하면 강아지가 여러분의 손에다 코를 갖다 대는 것입니다!

노즈 타깃을 왜 가르쳐야 할까요?

노즈 타깃이 제대로만 이루어진다면, 다른 훈련에서는 얻기 힘든 좋은 점이 다음과 같이 많습니다.

- 🐾 사람의 손에 대해 긍정적인 연상작용을 만들 수 있습니다.
- 🐾 사람들에게 인사할 때 '발바닥 바닥에 붙이고 있기'를 할 수 있게 해 줍니다.
- 🐾 미용이나 병원 진료를 받는 동안 부동자세를 유지할 수 있습니다.
- 🐾 강아지 주변에 불편한 누군가가 있는 상황에서 강아지의 주의를 보호자에게 돌릴 수 있습니다.

노즈 타깃 훈련 단계

1. 보호자 오른손의 세 번째 손가락과 네 번째 손가락 사이에 간식을 끼워 둡니다.
   (영화 스타트렉의 미스터 스팍을 떠올려 보세요.)

2. 강아지가 보호자에게 주의를 집중하고 있는지 확인한 다음 오른손을 등 뒤로 감춥니다.

3. 감춰 둔 오른손을 강아지 코에서 30센티미터 앞으로 내밉니다. 갑자기 나타난 손과 손가락 사이에 있는 간식의 유혹이 강아지가 보호자의 손을 향해 코를 내밀도록 유도할 것입니다.

4. 강아지의 코가 보호자의 손에 닿자마자 '옳지!'라고 말한 다음 오른손을 등 뒤로 다시 감춥니다. 그리고 반대편 손으로 간식을 줘서 강화합니다. '타깃'인 손으로 강화하지 않는 이유는 강아지가 간식이 있을 때만 터치할 가치가 있다고 생각하지 않기를 바라기 때문입니다. 코를 터치하기 전과 후에 손을 보여 줬다가 감추는 이유는 오른손이 나타나는 것을 특별한 일로 만들어서 그것이 신호의 일부가 될 수 있도록 하기 위함입니다. 강아지는 호기심이 많은 동물이기 때문에 방금 나타난 손을 '확인'하고 싶을 것입니다.

5. 몇 번 성공적으로 반복한 다음에는 오른쪽 손가락 사이에 미끼(간식)를 끼워 넣지 않은 채로 몇 번 시도합니다.

6. 이 행동이 익숙해지면, 손을 내밀면서 '터치'라고 말하는 신호를 추가합니다(행동을 취한 다음 '옳지'라고 하며 이전처럼 간식으로 강화합니다). 이 행동을 음성 신호와 함께하는 이유는 강아지가 보호자를 쳐다보고 있지 않더라도 그 행동을 요구하고 싶을 때가 있기 때문입니다.

지속시간 늘리기

바람직한 행동 뒤에 재빨리 '터치' 신호가 뒤따른다면 강아지를 무시무시한 아이스크림으로부터 떼어 내야 할 때 보호자에게 시선을 돌릴 수 있을 뿐만 아니라 사람들에게 달려드는 대신 상호 배타적 행동을 취하게 할 수도 있습니다. 노즈 터치의 지속시간을 늘리면, 강아지를 잡고 있어야 하는 상황이나 미용할 때도 이 행동을 활용할 수 있습니다. 아래와 같이 교육해 보세요.

1. 앞서 설명한 노즈 타깃 훈련 단계를 계속 진행합니다.

2. '터치'라는 신호를 준 다음 강아지가 보호자의 손에 코를 갖다 댔을 때 바로 '옳지'라고 말하지 말고 1초간 기다립니다. 그런 다음 코가 여전히 손에 닿아있을 때만 '옳지'라고 하며 간식으로 강화하세요. 세션마다 점점 터치 지속시간을 늘리세요.

3. 다른 훈련과 마찬가지로 기준을 높이려면 세 가지의 D를 활용하세요.

흥을 돋워 봅시다!

자, 이제 강아지에게 요구했을 때 노즈 터치가 충분히 잘 되고 있습니다. 아래의 몇 가지 예시처럼 상황을 바꿔서 행동을 확실히 보증하고, 강아지와 보호자 모두가 좀 더 재미를 느낄 수 있도록 해 보세요!

- 강아지가 '터치'를 하면 쫓아가서 먹을 수 있도록 간식을 몇 미터 떨어진 곳에 던져 주세요. 강아지가 간식을 먹은 후 고개를 들어서 뒤를 돌아보자마자 '터치'라고 말하며 손을 내밉니다. 강아지의 코가 손을 터치하면 아까처럼 간식을 던져 줘서 마크하고 강화하세요. 이 방법은 더 생동감 넘치는 훈련을 만들고, 리콜 훈련의 훌륭한 기초가 되기도 합니다. 또한 강아지가 좋아하는 모든 것이 다 포함되어 있기도 하지요. 달리기, 냄새 맡기, 먹기, 배우기, 보호자와 함께하기 같은 것들 말입니다.

- 언제나 같은 높이에서 손을 내밀기보다는 손을 높이, 낮게, 보호자의 다리 사이에서 등등 다양한 위치에서 내밀어 보세요. 다음에는 손이 어디에서 나타날지 계속 궁금하게 만들어서 강아지의 참여도를 높이는 것입니다!

🐾 사례 연구: 99가지 문제 🐾

실화입니다. 아주 오래전에 제가 어렸을 때 이웃집 달마티안 강아지와 함께 바닷가의 좁은 산책로를 따라 산책하고 있었습니다. 즐겁게 산책하고 있는 도중 한 가족이 우리 쪽으로 다가오고 있었습니다. 그중 한 명인 다섯 살 정도의 남자아이가 당나귀도 질식시킬 만한 커다란 아이스크림을 들고 씨름하고 있었습니다. 무슨 일이 일어났을지 짐작이 가시나요? 남자아이가 우리 옆을 지나갈 때 강아지가 도롱뇽이 놀랄 만큼 혀를 날름 내밀고는 콘에 있던 아이스크림의 5분의 4를 깔끔하게 꿀꺽 삼켜 버리고 만 것입니다. 독자 여러분, 저는 떳떳하지 못합니다. 저와 강아지는 계속해서 앞으로 걸어갔고, 그 남자아이 외에는 아무도 눈치채지 못했습니다. 30미터쯤 떨어진 곳에서 마침내 용기를 내어 뒤를 돌아보았을 때 불쌍한 아이는 마치 자유의 여신상이 속임수에 속아 넘어간 듯한 표정으로 빈 콘을 손에 들고 서 있었습니다.

17
'저리 가' 관련 문제

여러분이 강아지를 훈련하는 방식은 반려견 훈련사들 사이에서 '조작적 조건화Operant Conditioning'로 알려진 방법을 사용하는 것입니다. 특정 행동을 요구한 다음 그 행동이 앞으로 더욱 순조롭게 진행되고 신뢰도가 높아지도록 긍정적으로 강화하는 것입니다.

보호자가 가르치기에도, 강아지가 배우기에도 아주 정확하고 효율적인 방법입니다. 후유증도, 부작용도 없습니다. 게다가 이렇게 긍정적으로 강화하면 보호자와 주변 환경, 훈련 전반에 걸쳐 긍정적인 연상작용이 보너스 트랙처럼 생기기도 하므로 이 모든 것이 반려견과 반려인의 건강한 관계를 위한 투자가 됩니다.

그렇다면 '저리 가'라고 하는 건 어떨까요? '저리 가' 신호의 문제점은 강아지에게 보호자가 실제로 원하는 행동을 가르치지 못한다는 점입니다. '저리 가'는 우리 인간이 강아지에게 자주 쓰는 명령어지만, 생각해 보면 실제로 무엇을 해야 하는지에 대한 명확한 지시가 아닙니다. 안타깝게도 위협의 의미로 더 많이 사용되는 것 같습니다. 늘 그렇듯이, 가장 생산적인 전술은 '저리 가'와 같이 모호한 개념을 쓰는 대신 강아지가 실제로 하기를 바라는 행동을 요구하는 것입니다.

제가 지금 여러분의 집에 불쑥 들어가서 '저리 가!'라고 외친다고 생각해 보세요. 이것이 의미하는 바는 수만 가지가 될 수 있을 텐데, 그나마 우리는 같은 언어를 사용하는 같은 종족이잖아요! 제가 앞서 말씀드렸듯이, '저리 가'는 죽은 개 테스트를 통과하지 못합니다. 죽은 개가 할 수 있는 것이라면 반려견에게 요구할 만한 행동이 아니지요!

첫 번째 시나리오

교사 한 명과 의자 100개가 있는 교실에 들어간다고 상상해 보세요. 의자는 1번부터 100번까지 번호가 매겨져 있습니다. 선생님이 여러분에게 1번부터 99번까지의 번호가 쓰여 있는 의자에는 앉지 말라고 말합니다. 여러분이 앉으려고 할 때마다 선생님은 '안 돼!', '틀렸어!', '저리 가!', '하지 마!', '아니야!' 등의 말을 하는 것입니다.

여러분에게는 아마도 다음과 같은 후유증이 생길 겁니다.

- 매우 혼란스러울 것입니다.
- 좌절감을 느낄 것입니다.
- 선생님도 좌절감을 느낄 것입니다.
- 동기를 잃게 됩니다.
- 선생님이 있으면 나쁜 일만 일어난다고 배우게 됩니다.
- 그 방에 있는 것도, 선생님과 함께 있는 것도 즐겁지 않을 것입니다.

결국, 정말 앉고 싶어지면 선생님을 무시하는 방법을 배우게 되겠지요. 여러분은 앉음으로써 선생님이 원치 않는 행동을 하는 것이 (앉음으로 인한 편안함 때문에) 강화됩니다!

두 번째 시나리오

교사 한 명과 100개의 의자가 교실에 들어간다고 상상해 보세요. 의자는 1번부터 100번까지 번호가 매겨져 있습니다. 선생님은 1번부터 99번까지의 번호가 쓰인 의자에는 앉지 말고 100번 의자에 앉으라고 말합니다. 100번 의자에 앉으면, 여러분이 가장 좋아하는 초콜릿을 준다고 합니다. 들어가세요!

결과는 아마도 다음과 같을 것입니다.

- 여러분은 선생님을 좋아하게 됩니다.
- 내일도 100번 의자에 앉을 기회가 있다면, 기뻐하고 좋아할 것입니다.
- 선생님은 행복합니다.
- 여러분도 행복합니다.
- 여러분은 1번부터 99번까지의 의자에 앉지 않았습니다.

다시 상호 배타적 행동으로 돌아왔습니다. '저리 가!' 또는 '안 돼!'와 같이 강아지에게 보호자가 무엇을 원하는지 절대 알려 주지 않는 부정적인 방해의 말을 사용하는 대신, 여러분이 강아지에게 무엇을 원하는지 알려 주는 것이 훨씬 더 효과적입니다. '저리 가' 혹은 '안 돼!'는 기껏해야 강아지를 혼란에 빠트릴 뿐이며, 최악의 경우 보호자와의 관계를 훼손할 수 있습니다.

저는 고객에게 가끔 공책의 중간에 일직선을 그은 다음, '강아지가 하지 말았으면 하는 것'이라는 제목으로 왼쪽을 채워 달라고 요청하곤 합니다. 이런 식으로 말이죠.

강아지가 하지 말았으면 하는 행동은?	
1) 방문객에게 달려드는 것	
2) 다른 반려견이 있는 곳으로 끌어당기는 것	
3) 공원에서 쓰레기를 줍는 것	
4) 부엌에 떨어진 것을 '훔쳐 가는' 것	

그런 다음엔 오른쪽에다가 '그 대신 하길 바라는 행동은?'이라는 제목을 붙입니다. 제가 실제로 진행하는 방법입니다.

문제가 '공원에서 쓰레기 줍기'라고 해 봅시다.

저는 고객에게 묻습니다. "좋아요, 강아지가 그 대신 무엇을 하길 바라시나요?" 그러면 고객들은 한결같이 "공원에서 쓰레기를 안 주우면 좋겠어요."라고 답합니다.

'안 하는 것'은 행동이 아닙니다! 이에 대해 충분히 대화를 나누고 나면, 고객분들은 각각의 사례에 대해서 원하는 행동을 다시 떠올려 봅니다. 이제 오른쪽은 이렇게 채워집니다.

강아지가 하지 말았으면 하는 행동은?	그 대신 하길 바라는 행동은?
1) 방문객에게 달려드는 것	앉아서 인사하기
2) 다른 반려견이 있는 곳으로 끌어당기는 것	리드줄을 하고 있을 때는 보호자를 보기
3) 공원에서 쓰레기를 줍는 것	부르면 달려오기
4) 부엌에 떨어진 것을 '훔쳐 가는' 것	보호자에게 와서 노즈 타깃하기

이제 다음과 같은 훈련 계획이 생겼습니다.

- 록스타처럼 '앉기' 가르치기
- '아이 콘택트' 또는 '이름에 반사적으로 반응하기'를 목숨 걸고 가르치기
- '토털 리콜' 가르치기!
- '노즈 타깃' 확실하게 가르치기!

아마 여러분은 공원에 갔을 때 다음과 같이 말하는 아주 이상한 반려견 훈련사 혹은 도그 위스퍼러$^{dog\ whisperer}$(개 심리치료사)를 만날 일이 있을 겁니다. "아, 그런데 저는 수업에서 개한테 '저리 가'를 가르쳐요. 제가 부엌에서 파라세타몰^{paracetamol}(영국의 타이레놀 계열 진통제)을 떨어뜨렸을 때 '저리 가!'라고 했더니 다른 곳으로 간 적도 있고요." (왜 다들 두통에 시달리는 사람처럼 '저리 가!'를 가르칠 때 '떨어진 파라세타몰'을 예로 드는 걸까요?)

이런 '전문가들의 조언'에 대한 제 생각은 이렇습니다.

- 집에서 위급 상황이 생겼을 때 '그냥 저리 가!'라고 소리치는 것과 수업 시간에 그들이 '저리 가'라고 말하는 것은 다를 것입니다. 분명 개가 겁을 먹고 그저 얼어붙었을 게 뻔합니다. 강아지와 보호자와의 관계, 그리고 부엌에 대한 연상작용에 좋지 않습니다.
- 훈련사들에게 "강아지들에게 '저리 가'는 무슨 의미일까요?"라고 물어보면 이런 대답이 나옵니다. "이런 거 만지지 마." 혹은 "그거 하지 마." 강아지의 '이런 것' 혹은 '그것'이 보호자의 '이런 것' 혹은 '그것'과 같다고 누가 장담할 수 있

을까요? 너무 모호합니다.

🐾 '만지지 마' 혹은 '하지 마'는 행동이 아니기 때문에 가르칠 수도 없고, 신호를 줄 수도 없습니다. 그러니 그만 하세요!

따라서 이상적으로 설명하자면, (강아지와 함께 사는 것 자체가 이상적이지만요!) 상호 배타적인 행동을 연습하고 강화해서 보호자가 무엇을 원하는지 강아지와 보호자가 언제나 서로 알 수 있도록 하세요.

냉장고로!

그런데, 갑자기 '앉기'에 문제가 생겨서 이걸 급히 해결해야 할 상황이 생길 수 있습니다.

이를테면 이런 거죠.

어떤 이유로 아직 강아지의 리콜, 노즈 터치, 앉기를 완벽하게 교육하지 못했다고 합시다. 강아지가 어떤 장난을 치려고 하든, 거기서 강아지를 떼어 놓는 방법을 알려드리겠습니다. 누군가가 현관문을 열어 놓는다든가, 아니면 강아지가 TV 리모컨을 가져가는 것과 같은 상황 말이죠. 이름하여 '냉장고로!'입니다. 12장에 언급된 '이름에 반응하기'를 가르치는 방법과 비슷하게 강아지가 즉각적으로 반응할 수 있는 신호가 필요합니다.

이 훈련은 재미있게 가르칠 수 있습니다! 우선 냉장고에 강아지가 좋아하는 음식을 가득 넣어 두세요. 신선한 닭고기, 치즈, 프랑크푸르트

소시지 같은 것 말이죠. 강아지가 좋아할 만한 것이라면 무엇이든요. 이제 강아지가 어슬렁대고 있는 거실 소파에서 긴장을 풀고 몇 분간 앉아 있습니다. 그러다 갑자기 신나고 즐거운 목소리로 '냉장고로!'라고 외친 다음에 바로 냉장고로 달려가세요. 강아지가 따라올 겁니다. 냉장고에 도착하면 문을 열고, 해적이 손가락 사이로 보물을 쏟아 내듯 신나게 간식을 건네주면 됩니다. "으하하! 우리는 부자다!"라고 말하면서 말이지요. 이렇게 고칼로리의 소동을 벌인 다음, 멈추고 조용히 아무 일도 없었다는 듯이 자리로 돌아가세요.

강아지는 이렇게 생각할 겁니다. '방금 무슨 일이 일어난 건지 잘은 모르겠지만, 좋군!' 5분 정도 더 기다렸다가 다시 '냉장고로!'를 반복합니다. 부엌으로 강아지와 함께 달려가서 30초간 축제를 열어 보세요. 하루에 몇 번씩 다른 시간대에 이 훈련을 반복한다면, 곧 강아지가 그 아름다운 '냉장고로!' 사이렌을 들었을 때 모든 것을 내려놓는 모습을 볼 수 있을 겁니다.

소파에서만 시작하지 말고 때로는 위층에서, 어떨 때는 정원에서 그 신나는 뉴스를 전해 주세요. '냉장고로!'가 '소파로!'와 같은 말이 아니라 '파티다!'라는 말과 공통분모가 되었으면 합니다.

펜 50개를 주머니에 넣고 다니는 실험실 조교가 '긍정적으로 조건화된 정서 반응'(강아지가 '냉장고로!'라는 경적을 들었을 때 기대감에 흥분하는 것)이라고 부를 만한 증거를 확인하셨나요? 그렇다면 이제 억압적이고 위협적인 방식이 아닌, 긍정적이고 신나는 방식으로 강아지를 문제에서 벗어나게 하는 응급상황 매뉴얼을 갖게 된 것이나 다름없습니다.

말이 나온 김에, 이것도 곰곰이 생각해 보시기를 바랍니다. '안 돼'

는 강아지 훈련에서 가장 남용되는 말일 수 있지만, 강아지에게는 전혀 구체적이지 않은 말입니다. 제 생각에 여기에는 인간의 본성이 담겨져 있는 것 같습니다.

요약하면 다음과 같습니다.

- 실수가 생기지 않도록 환경을 통제하고 관리하세요.
- 바람직한 행동을 크게 강화하세요.
- 훈련할 때 강아지에게 '저리 가'와 '안 돼'라는 단어는 쓰지 마세요.

안전하게 바꿔치기

승리를 위해 전력을 다하세요!

믿고 싶지 않지만, 가끔 강아지는 입에 넣으면 안 되는 물건을 입에 넣을 수도 있습니다! 방금 여러분은 강아지에게 원하지 않는 행동을 하지 말라고 요구하기보다는 '했으면'하는 행동을 요구하라는 내용을 읽으셨겠지요.

여기서 저는 '아웃!'이라는 명령의 힘을 소개해 드리려고 합니다. 모든 훈련과 마찬가지로 '이 말이 강아지에게는 어떤 의미일까?'를 마음속 깊이 새겨 둘 좋은 기회입니다. 여러분이 '아웃!'이라고 말하면, 강아지가 '야호! 인간에게서 놀라운 무언가가 나올 건가 봐!'와 같은 아주 행복한 반사 반응과 감정이 일어나길 바랍니다.

강아지가 무엇을 입에 물고 있던 간에 더 좋은 것을 기대하며 입 밖으로 뱉어 내고 싶은 충동을 느껴야만 합니다. 마음에 드시죠?

그럼 시작해 봅시다.

1. 방해 요소가 적은 조용한 방에서 강아지와 함께 앉아서 시작하세요. 몇 분 후 '아웃!'이라고 말하며 정적을 깨고, 0.5초 후에 근사한 간식을 바닥에 놓아 주세요. 단어와 간식 전달 사이의 0.5초가 '아웃'을 통해 무엇을 예측할 수 있는지 알아차리는 데 도움을 줍니다.

2. 몇 초 동안 침묵을 지킨 다음, 무작위로 반복합니다. 어떨 때는 반복 사이에 5초간의 간격을 두고, 어떨 때는 1초, 어떨 때는 10초간 간격을 둡니다. 이때 강아지의 입에 아무 물건도 없는 상태에서 시작하는 이유는 '아웃!'이라는 말을 들었을 때 아주 긍정적인 감정반응을 만들 수 있기 때문입니다. '아웃!'이라는 말이 '너한테서 그걸 빼앗을 거야'라는 의미가 되지 않기를 바랍니다. 그 말 대신, '너 엄청 좋은 걸 얻게 될 거야!'라는 의미였으면 합니다. 일단 감정적 반응을 끌어내면, 나머지는 제자리를 찾을 수 있습니다. 따라서 강아지가 여러분의 말을 듣고 무엇을 원하는지 알아채기를 바라기 전에 단어에 먼저 가치를 부여하는 것이 무척 중요합니다.

만일 첫 번째 세션에서 장난감을 입에 물고 있는 강아지에게 '아웃!'이 무슨 의미인지 가르쳐 주지도 않고 계속해서 아웃이라고 말한다면 어떻게 될까요? 신호의 의미가 처음부터 혼란스러워지고 변질되어서 강아지와 갈등을 일으키게 될 것입니다. 강아지에게 신호의 의미가 무엇인지 알려 주지 않고 의젓하게 반응하기를 기대해서는 안 됩니다. 마치 여러분이 저에게 "그리스어로 말해 봐요! 그리스어요!"라고 말하는 것과 마찬가지죠. 그럼 저는 이렇게 대답하겠죠. "먼저 그리스어를 말씀하시고, 그게 무슨 뜻인지 알려 주신 다음에 저한테 말해 보라고 하셔야 하지 않겠어요?"

3. 하루 동안 3분간의 짧은 세션을 위와 같이 여러 번 진행한 다음, 다음번 세션에서는 여러분이 강아지와 같은 곳에 앉아 호스나 작은 나무 블록처럼 별 의미 없는 아이템을 보여 주세요. 바닥에 무릎을 대고 앉아서 양손을 등 뒤에 감추세요. 이때 한 손에는 그 의미 없는 물건을, 다른 한 손에는 간식을 쥐고 계세요. 물건을 앞으로 가져와 강아지가 관심을 보이는 즉시, 그냥 보기만 하더라도 '아웃!'이라고 말하고 맛있는 간식을 바닥에 놓아서 먹을 수 있도록 하세요. 강아지가 간식을 먹는 동안 손에 쥐고 있던 물건들을 여러분의 등 뒤로 가져가서 다시 반복할 준비를 하세요.

4. 다음 단계는 '의미 없는' 아이템들을 강아지에게 보여 줘서 살펴보게 하는 동안 약간의 움직임을 추가해서 살짝 덜 지루하게 만드는 것입니다. 강아지가 좀 더 오래 살펴볼 수 있게 하는 거지요. 강아지가 그 위에다 입을 살짝 올려놓을 수 있도록 해도 괜찮습니다. 하지만 그렇게 하자마자 '아웃!'이라고 외치고, 물건들이 움직이지 않도록 잘 잡은 상태에서 이전처럼 간식을 줍니다.

　　훈련을 진행해 나가면서 점차 더 재미있는 물건들을 보여 주세요. 호스를 매듭 묶은 수건으로 대체한다든지 하면서 말입니다. 그리고 강아지와 함께 게임의 강도와 움직임, 지속시간을 늘리세요. 항상 '아웃'이라고 말하기 전에 물건을 고정해서 움직이지 않는 상태가 되어 있게 하세요.

　　여러분과 강아지가 '아웃 마스터'가 되면, '아웃!' 놀이를 놀이 세션에 도입해 볼 수 있습니다. (10장 '함께 놀이하기' 참조) 이는 더 나아가 물어오기와 같은 게임으로 발전하는 데 도움이 됩니다.

똑같이 생긴 터그 장난감 두 개를 여러분의 등 뒤로 숨겼다가 하나만 앞으로 내놓고 보여 주면서 더 즐겁게 놀이를 시작해 볼 수도 있습니다. 보호자와 강아지가 둘 다 장난감을 잡게 된다면 잠시 멈춘 다음, '아웃!'이라고 말하며 즉시 두 번째 장난감을 역동적으로 내밀어 강아지가 붙잡을 수 있도록 하세요.

다행히 강아지들에게도 '남의 떡이 더 커 보이는 법'이고, '입 안에 있지 않은 활동적인 새가 집 안에 있는 힘 빠진 새보다 낫다'라는 말도 잘 따릅니다. 강아지가 장난감을 놓아주기를 원한다면 언제나 '아웃!'이라는 신호를 보내기 전에 지루해지도록 만드는 것이 중요합니다. 모든 움직임과 긴장을 멈춰서 지루하게 만드세요. 그렇게 하면 강아지는 항상 '활동적인 새'를 기대하면서 '힘 빠진 새'를 뱉어 낼 것입니다.

저의 경험상 이 방법이 지금껏 강아지가 입에 물고 있던 것을 내려놓게 만드는 최고의 방법이었습니다. 저는 수천 마리의 개에게 이 방법을 사용해 왔고, 경비견들에게 나쁜 사람들을 놓아 주도록 가르칠 때도 이 방법을 사용했습니다. 이 개들은 이빨 사이에 꽉 물고 있던 것을 정말 놓고 싶지 않아 했었답니다. (쥐고 있던 것을 놓고 싶지 않아 했던 건 나쁜 사람들도 마찬가지였지만요!) 그러니 이들에게 효과가 있었다면 여러분에게도 효과가 있을 겁니다!

자, 이제 여러분은 강아지가 물고 있던 것을 놓게 하는 가장 좋은 방법을 알게 되었습니다.

하지만 아직 '아웃'을 제대로 가르칠 기회가 없었거나, 어느 날 강아지가 느닷없이 잭 스패로우 성대모사를 하며 입에 칼을 문 채로 여러분 앞에 나타난다면, 언제든 응급으로 '냉장고로!'를 외치면 된다는 걸 기억하세요!

18
배낭 산책

반려견 행동 지도사로 일하면서 하게 된 많은 일 중에서 좋은 점 하나는 여행입니다. 강의를 위해 가기도 하지만, 제 강의에 틀린 점이 없는지 사실 확인을 위해서 갈 때도 있습니다. 남아프리카 공화국 요하네스버그의 핏불 보호소에서 상담도 하고, 바레인에서 탐지견 훈련 프로그램을 개발하기도 했으며, 최근에 강의 일정으로 호주에 갔을 때는 운 좋게도 퍼스에서 목양견(양치기 개)의 세계를 탐험해 볼 수 있었습니다.

하지만 지금은 페루의 잘 알려지지 않은 특별한 부분에 대해 말씀드리고자 합니다. 현대의 반려견 훈련에서는 강아지에게 선택권을 주는 것을 많이 강조합니다. 올바른 결정을 내릴 수 있도록 선택지를 준다거나 불편함을 느낄 때는 '싫어요'라고 말할 수 있는 선택권을 주지요. 신체적으로나 정신적으로 절대 우리가 원하는 것을 억지로 하게 하지 않는다는 것이 기본적인 생각입니다.

그런데 가끔 저는 집에서 키우는 개에게 선택권이 주어진다면 정확히 무엇을 하기로 선택할지 궁금할 때가 있습니다. 벽이 네 개인 방에 있도록 하거나 아니면 하네스와 리드줄을 채우는 순간, 개가 선택할 수 있는 수많은 자연스러운 선택지들을 제한하는 것 아닐까요?

이제 페루 얘기를 해 볼까 합니다! 저는 페루 쿠스코의 길거리 개들에 관한 이야기를 들어 본 적이 있습니다. 이 개들도 '보호자'가 있기는 하지만, 보통의 서구화된 방식과는 달랐습니다. 기본적으로 매일 아침 6시부터 보호자가 집에서 데리고 나오면 개들은 이웃 개 친구들과 어울리면서 그야말로 자신의 선택으로 하고 싶은 일을 하면서 하루를 보냅니다. 오후 10~11시가 되면 모두 각자의 집으로 향합니다. 문이 열리면 자기 B&B(잠자리와 아침 식사를 제공하는 숙소)로 들어가고, 다음날에도 모험은 계속됩니다.

어떤 여행에서는 쿠스코 공항에 내린 다음 택시를 탔는데, 기사분께서 (모자를 두 개나 쓰고 있던 저에게) 직업이 뭐냐고 물어보셨습니다. 제가 반려견 훈련사라는 걸 알게 된 운전 기사가 이렇게 말했습니다. "도심이 아주 마음에 드실 거예요. 모든 개가 길을 건너기 전에 멈춰 서서 신호등이 빨간불이 될 때까지 기다리거든요."

'네네 그렇겠지요. 방금 비행기에서 내렸다고 절 놀리려 드시는군요.'라고 생각했습니다. 30분을 빠르게 달린 후, 놀랍게도 저는 그 광경을 볼 수 있었습니다. 교통 체증 속에서 신호에 걸려 차를 세운 참이었습니다. 우리의 왼편에 다양한 크기와 모양을 가진 열두 마리의 개들이 빨간 불 앞에서 안전 신호음인 '삐, 삐, 삐' 소리가 들릴 때까지 참을성 있게 기다리고 있었습니다!

신호가 바뀌자 개들은 마치 만화에 나오는 행진하는 개들처럼 서두르지도 않고 길을 건너가더군요. 아주 멋지지요. 동물이 어떻게 학습하는지, 그리고 자연선택이란 어떤 것인지를 보여 주는 완벽한 조합이었습니다. 저는 아직 짐도 풀지 않았는데 말이죠!

그래서 저는 그 후 2주 동안 비디오 카메라를 들고 수백 마리의 개들을 따라다녔습니다. 때로는 혼자서, 때로는 느슨하게 조직된 그룹과 함께 다니면서 개들이 정확히 무엇을 하는지 관찰했습니다. 그 개들은 다음과 같은 행동을 하지 않았습니다.

거의 뛰지 않았습니다. 서두르지 않았고, 시간은 항상 그들의 편인 듯 보였습니다. 특정 장소에 필사적으로 도착하기 위해 허둥지둥하는 기색을 보이지 않았습니다.

거의 짖지 않았습니다. 흥분하거나 갈등할 만한 요소가 없었습니다. 새나 종이봉투, 테니스공 같은 것을 쫓아다니는 일도 없었습니다!

쿠스코 한가운데에는 과거 식민지 시대의 중심지였던 곳에 공공 정원과 분수로 둘러싸인 넓은 보행자 구역인 아르마스 광장^{Plaza De Armas}이 있습니다. 날씨 좋은 어느 날(쿠스코의 높은 고도에서는 다람쥐 주머니 크기의 폐만 있어도 항상 좋은 날이지만요), 500명 가까이 되는 사람들이 광장을 어슬렁거리며 커피를 마시거나 잔디밭에 앉아 경치를 감상하는 모습을 볼 수 있었습니다! (또는 숨을 헐떡이고 있는 모습을 볼 수 있지요!) 500명의 사람에 더해 150~200마리쯤 되는 개들이 어슬렁거리거나 일광욕하거나 그냥 돌아다니면서 시간을 보냅니다. 자신이 선택해서 한 행동이 틀림없지요.

선택권이 주어진 쿠스코의 개들은 아래와 같은 것들을 하기로 선택합니다.

- 🐾 **터치:** 쿠스코의 개들은 사람들과 '함께' 있는 것을 좋아했습니다. 저는 젊은 커플이 분수대 옆에 앉아 있는 모습을 사진 찍었는데, 그 옆에는 커다란 잡종견 한 마리가 누워 있었습니다. 개는 커플을 귀찮게 하지 않고, 옆구리가 커플 중 한 명의 다리에 닿은 채로 누워 있을 뿐이었습니다.
- 🐾 **냄새:** 새로운 냄새를 맡아보는 것을 좋아했습니다. 버려진 상자, 쓰레기통, 심지어는 어린아이가 놓고 간 곰 인형도 모두 후각으로 다시 한번 확인했습니다.
- 🐾 **호기심:** 기회만 있으면 핸드백 같은 새로운 물건을 갓 승진한 세관공무원처럼 꼼꼼하게 살펴보는 모습을 보였습니다.
- 🐾 **먹기:** 당연하겠지만, 공짜로 얻을 수 있는 음식에 대해서는 감사히 받았습니다.
- 🐾 **바라보기:** 그저 편안한 자세로 세상이 돌아가는 모습을 가만히 바라보았습니다.

이 개들은 행복하고 편안하며 만족스러워 보였습니다. 그리고 저는 이런 생각을 하게 되었습니다. '어떻게 하면 내가 사는 곳의 개들도 이와 비슷하게 살아가도록 할 수 있을까?'

이제껏 제가 이 책에 쓴 내용의 많은 부분이 어떻게 하면 강아지에게 a, b, c를 '하도록' 할지, 아니면 x, y, z를 '못하게' 할지에 대한 방법이었습니다.

저는 보호자들이 강아지와 함께 보내는 모든 시간을 행동에만 얽매이거나 통제와 관리에만 집중하지 않았으면 합니다. 물론, 이런 요소들은 우리가 어떤 행동을 끌어내거나 강아지를 문제 상황에서 빠져나올 수 있게 하고 안전을 지키는 데에는 훌륭합니다. 하지만 삶에는 그 이상의 것이 있지 않나요? 이것이 바로 배낭 산책이 필요한 이유입니다.

배낭 산책은 결과에 대한 부담 없이 안전하게 같이 즐길 수 있는 방법으로, 모든 연령대의 반려견과 사람들을 위해 수년 전에 제가 개발한 방법입니다. 반려견이 보호자와 함께 노는 것을 좋아한다면 90%의 문제가 해결될 것입니다.

솔직히 말씀드리자면 배낭 산책은 필요에 의해 만들어진 것입니다. 저는 어리고, 건강하며, 생기발랄한 강아지들뿐만 아니라 노령견, 신경질적인 개, 다친 개, 구조된 개, 보호소에 있는 개, 생계를 위해 '일하는' 개, 운동량이 부족한 개, 공간이 더 필요한 개, 낯선 사람에게 잘 대처하지 못하는 개, 혹은 '반응성이 높은', '공격적인', '수줍은'이라는 꼬리표가 붙은 개들도 다룹니다.

또한 시간이 없거나, 공간이 없거나, 거동이 불편한 보호자들을 상대하기도 합니다. 경비견이나 탐지견과 함께 10시간 동안 고된 교대 근무를 마치고 돌아온 탐지견 핸들러를 상대할 때도 있습니다. 사람과 개는 언제 긴장을 풀 시간을 가질 수 있을까요? 강아지와 산책을 한다는 것은 시간을 재고 거리를 기록하는 일이 절대 아닙니다.

탐색과 유대감 형성이 필요한 많은 반려견과 시간에 쫓기는 많은 보호자를 보면서, 저는 높은 수준의 훈련이 필요하지 않으면서도 페루의 반려견들이 아주 만족스럽게 즐기는 것과 비슷한 활동을 고안해 내기로 결심했습니다. 반려견과 보호자의 관계를 돈독히 하면서 반려견들이 충만한 삶을 살기 위해 필요한 정신적 '해방감'을 주는 활동이었지요.

여기서 정신적인 해방은 일반적으로 말하는 정신적인 자극과는 다른 의미입니다. 자극은 흥분, 각성, 그리고 신체의 활동 수준을 높이는 것을 의미합니다. 저는 외부 세계에서 마주하는 모든 것들을 높은 각성 상태로 접근하도록 조건화되어 고통받는 강아지들을 많이 봅니다. 강아지들은 달려들기 전에 생각하고, 이유를 찾고, 선택지를 따져 보기 위해 기다리지 않고 모든 것을 시속 160킬로미터로 달려야 한다고 느끼기 때문입니다. 종종 보호자를 뒤에 제쳐놓은 채 말이죠! 이런 각성 상태는 강아지와 보호자를 곤경에 빠트릴 수 있습니다.

저는 강아지와 게임을 하고 즐겁게 노는 것을 좋아합니다. 제 인생의 큰 즐거움 중 하나죠. 하지만 언제나 그런 것은 아닙니다. 좋은 친구는 그저 '함께' 있는 것만으로도 행복한 사이여야 합니다.

그렇다고 해도 저는 여러분이 강아지에게 필요한 많은 것들을 제공해 줄 수 있기를 바랍니다. 리콜, 루즈 리드 워킹, 집중하기, 모험하기, 탐험하기, 후각 만족시키기, 음식, 새로운 것 보여 주기, 세로토닌(기분을 좋게 만드는 신경전달 물질)과 옥시토신(유대감 혹은 '사랑'과 관련된 호르몬) 충분히 공급하기 등등 말입니다. 아드레날린 러쉬가 나타나지 않도록 주의하면서요.

'어떻게 그걸 다 하나요?' 여러분의 외침 소리가 들리는 것 같군요.

진정하시기를 바랍니다.

계속해서 읽어 주세요.

배낭 산책에 필요한 것

배낭 산책에 필요한 것은 다음과 같습니다.

- 배낭(뜻밖이죠?)
- 긴 줄(5미터 정도 길이)
- 편안한 강아지용 하네스
- 간식이 가득 담긴 파우치
- 개껌
- '물건' (강아지가 탐색하기에 안전한 것이라면 무엇이든 괜찮습니다. 예를 들면 머리빗, 책, 신발 등)
- 새로운 냄새가 담긴 플라스틱 용기 (마찬가지로 강아지가 냄새 맡기에 안전한 것이라면 어떤 냄새든 괜찮습니다. 티백, 헌 양말, 캣닙 등)
- 새로운 음식이 든 다른 플라스틱 용기 (강아지가 전에 먹어 본 적 없는 안전한 음식을 냉장고에서 꺼내 보세요.)
- 15분. 시간 내기가 힘들다고요? 글쎄요... 15분은 낼 수 있을 겁니다!

배낭 산책의 규칙

원래는 배낭 산책에 규칙을 두지 않으려고 했습니다. 배낭 산책이라는 취지상 가능한 한 편안하게 진행하길 원했기 때문이죠. 하지만 그렇게 하면 난장판이 되기 쉽습니다! 이를 염두에 두고 규칙을 정했습니다.

규칙 1: 이 연습을 '훈련'이라고만 생각하지 마세요. 유대감을 형성할 '기회'라고 생각하세요.
규칙 2: 모든 말은 귓속말로 하세요.
규칙 3: 배낭에서 나오는 모든 것을 아기 새처럼 대하세요.

자, 이제 강아지와의 첫 번째 산책이 시작됩니다. 신나지요? 되도록 조용하면서 가까운 곳으로 차를 몰고 갑니다. 간식 파우치를 챙기고, 긴 줄을 강아지가 착용한 하네스에 연결합니다. 강아지를 차에서 내려주면서 모든 상호작용이 편안하고 조용한 환경에서 이루어지도록 합니다. 안전을 위해 긴 줄을 사용하고, 흥분을 최소화하기 위해 모든 환경을 편안하고 조용하게 만드는 것이지요. 보호자와 강아지 모두가 바깥에서 천천히 움직이는 것에 익숙해지려면 몇 번의 반복이 필요하겠지만, 일단 시작하면 정말로 머릿속에 불이 반짝 켜지는 듯한 순간을 경험하실 수 있습니다.

정말 많은 보호자가 강아지와 함께 '준비, 시작! 현관문을 박차고 고고고!' 하는 느낌으로 한 블록을 빠르게 도는 장면을 목격하곤 합니다. 일정 시간 내에 돌아와야 하고, 일정 거리 이상을 산책해야 하고 등등의 이유 때문이겠지요.

하지만 그러면 안 됩니다! 강아지는 갑자기 산책이 중단되기 전에 최대한 많은 정보를 수집하도록 조건화되어 있어서 산책을 그렇게 하면 에너지 과잉 상태가 될 수 있습니다. 그때 우리는 빠른 속도로 내려오는 셔터가 닫히기 전까지 가능한 한 많은 정보를 수집하려고 필사적으로 냄새를 맡는 강아지를 다급하게 잡아당기게 되는 것입니다.

그러면 재미가 없습니다.

스트레스만 받죠.

여러분이 동료 한 명과 함께 근사한 초밥집에 가서 이야기를 나누는 동안 테이블 위에서 초밥이 천천히 회전하고 있다고 상상해 보세요. 그런 다음, 배가 몹시 고픈데 초밥이 너무 빠르게 회전하고 있다고 상상해 보세요. 여러분은 돌아가고 있는 그 음식들을 필사적으로 붙잡으려고 할 것이고, 메뉴가 무엇인지 충분히 인지하지도 못할 것이며, 당연히 함께 식사하는 사람에게도 집중하지 못할 것입니다. 어떤 대화도 흐지부지되고 말겠죠.

강아지와 함께 '빠르게 한 바퀴 행진'하는 것은 너무 빠르게 회전하는 초밥과도 같습니다.

그렇게 하지 마세요.

속도를 늦추세요.

페루의 개들을 떠올리세요.

1단계

집 근처를 슬슬 거니세요. 거닐라는 말은 집에서 5분 정도 떨어진 곳까지 천천히 느긋하게 걸어가는 것을 말합니다. 서두르지 마세요. 강아지에게 양보하세요. 강아지가 냄새를 맡거나 소변을 해결하기 위해 어떤 곳으로 가더라도 괜찮습니다. 긴 줄이 느슨하게 유지되는 한 함께 가세요. 강아지가 주변 환경을 탐색할 수 있도록 하는 것이 중요합니다. 긴 줄이 팽팽하게 당겨지거나 강아지가 달리기 시작하면, 속도를 늦추고 멈추세요. 긴박감이나 긴장감이 배낭 산책에 스며들지 않도록 합니다. 리드가 다시 느슨해지면 계속 거니세요.

통제광인 보호자를 위한 은밀한 훈련법도 있습니다! 거닐고 있을 때 강아지가 보호자를 쳐다보면 '옳지'라고 말하고 강아지가 있는 반대편으로 천천히 간식을 던져 주세요. 제가 방금 썼는데도 이해가 잘 안되니 다시 써보겠습니다….

강아지가 여러분의 왼쪽에서 3미터가량 떨어진 곳에서 냄새를 맡고 있고, 긴 줄은 느슨해진 상태여서 여러분이 인내심을 발휘해 기다리고 있다고 상상해 보세요. 강아지가 보호자를 바라보면 '옳지'라고 말해서 그 행동을 마크한 다음, 여러분의 오른편으로 간식을 던져 줍니다. 그러면 강아지는 간식을 먹으려고 여러분을 '지나쳐서' 달려갈 것입니다.

이 방법의 장점은 다음과 같습니다.

🐾 강아지가 보호자를 쳐다보면 간식으로 강화해서 그것을 '캡처'할 수 있습니다.
🐾 보너스로 강아지도 보호자의 리콜에 간식을 받으러 가는 것이 기분 좋습니다.

🐾 보호자가 환경에 '맞설' 일이 없습니다. 강아지는 간식도 얻고, 보호자 반대편에서 새로운 영역도 탐색할 수 있습니다.

한 개 가격으로 세 가지를 얻어 가세요!

강아지가 여러분을 쳐다보지 않더라도 걱정하지 마세요. 강아지가 그 장소를 좀 더 조사해 보고 싶다는 정보일 뿐이니까요. 우리에게는 내일이 있고, 강아지가 환경에 익숙해짐에 따라 보호자를 쳐다볼 여유가 생길 겁니다. 마크할 준비를 하고 있다가 강아지가 보호자를 쳐다보면 간식을 줘서 강화하세요.

2단계

여러분이 생각해 놓은 장소에 도달했다면 15장 '리콜'에서 설명해 드린 대로 몇 가지 리콜 회로를 수행합니다.

이곳은 배낭 산책을 하는 중에 속삭이지 않고 좀 더 크게 말해도 되는 유일한 장소입니다. 이후에는 다시 조용조용히 말해야 하니 지금은 원래대로 소리를 내도 좋습니다. 지금 가지고 있는 긴 줄로 리콜용 삼각형을 원래보다 작은 크기로 만들어 보세요. 필요에 따라 항상 강아지와 접촉할 수 있도록 하기 위한 것입니다.

리콜 회로를 집중해서 반복하길 바랍니다. 삼각형을 통해서 같은 곳을 몇 번씩 지나가도록 할 수 있기 때문입니다. 이렇게 그 영역에 익숙해지면 여러분의 리콜은 바닥의 여러 가지 새로운 냄새와 경쟁하지 않아도 될 것입니다.

리콜 회로가 완료되면 강아지와 보호자 모두 벤치에 앉으세요!

3단계

강아지와 야외에서 함께 앉아 있으면 참 좋지 않나요? (아직 안 해 보셨다면 배낭 산책이 필요한 또 다른 이유입니다!) 그룹수업을 할 때 강아지와 함께 잔디밭에 앉아 휴식을 취하라고 하면 보호자들이 미소를 짓습니다. 그 모습을 보면 저도 흐뭇하지요. 아마도 우리가 어린이집에 다니던 시절, 금요일 오후에 선생님께서 "이번 주에 모두 너무 잘했어요. 그래서 오늘은 밖으로 나가서 이야기를 나눠 볼 거예요."라고 말씀하시는 듯한 기억을 불러일으키는 것 같습니다. '바깥이라고? 심장아 진정해!'

자, 강아지와 함께 앉으세요. 둘 다 리콜 회로를 잘 마쳤으니 잠시 숨을 돌릴 준비가 되었을 겁니다. 이제 우리의 새로운 향을 소개할 시간입니다!

잠깐만요! 배낭에서 나오는 모든 것은 아기 새처럼 대해야 한다는 것을 기억하세요. 천천히 호기심 어린 동작으로 움직이세요. 여러분은 배낭에서 나오는 최고의 마술을 보여 주기 위해 고용된 훌륭한 강아지 엔터테이너입니다.

천천히 가방을 열면서, 강아지와 자신에게 속삭이는 겁니다. "아니, 이게 뭐지?" 원래 하던 대로 "아니, 이게 뭐지?"라고 하는 게 아니라, 뜸 들이며 "어... 이게 뭐지... 뭘까?"라는 식으로 10초 동안 안절부절못하게 속삭이는 것이지요.

배낭에서 천천히 상자를 꺼내서 마치 그것이 아기 새인 양, 손으로 부드럽게 가립니다. 어떤 강아지라도 거기에 코를 갖다 대고 '그러니까 도대체 이게 뭐길래?' 하면서 호기심을 가지지 않고는 못 배길 겁니다.

그 호흡을 길게 이어 나가며 즐기세요. 강아지와의 교감을 연습할 좋은 기회입니다. 우리는 페루의 강아지들이 사람들과 '함께' 있기를 좋아하고, 냄새 맡기도 좋아한다는 것을 알고 있지요. 이제 여러분이 강아지와 함께 즐길 기회입니다. 상자의 가장자리를 천천히, 섬세하게, 의도적으로 살짝 열고 강아지에게 냄새를 맡게 한 다음에 상자를 다시 한번 닫으세요. 그러고 나서 상자를 들어 올립니다. 다시 내려놓은 다음 강아지가 살짝 살펴볼 수 있도록 합니다. 계속해서 보호자가 상자를 들고 있어야 합니다. 강아지와 보호자가 함께 살펴보기 위한 것입니다.

강아지가 냄새를 맡기에 몇 분 정도면 충분합니다. 냄새가 나는 물건을 강아지에게 줄 필요는 없습니다. 그러니 상자를 천천히 닫고, 배낭 지퍼를 열어서 그 소중한 보물을 다시 가방 안에 넣은 다음 지퍼를 닫습니다.

'그런데 이게 뭐지? 엄마가 다시 지퍼를 풀고 있네... 세상에나! 그다음엔 뭘까?'

4단계

앞서 약속한 바 있는 바로 그 '물건'입니다!

다시 말하지만, 느리고 호기심을 불러일으키는 움직임을 유지하세요. 그것은 아기 새일 수도 있고, 폭발할 수 있는 폭탄일 수도 있습니다. 어떤 것이든 아주 부드럽게 움직이고, 속삭이는 게 최고라는 것을 기억하세요.

페루의 강아지들은 새로운 것을 살펴보기를 아주 좋아합니다. 여러분의 강아지도 마찬가지일 겁니다.

여러분이 배낭에서 빗을 꺼냈다고 해 봅시다. 처음에는 손으로 빗을 감싼 다음, 손가락으로 빗의 끝부분을 천천히 튕기면서 신기한 소리를 내보세요. 입술에 대고 부드럽게 불면 어떤 소리가 날까요? 강아지가 빗의 냄새를 맡고, 느껴보고, 천천히 탐색할 수 있게 한 다음 조심스럽게 배낭에 다시 넣습니다. (아기 새와 폭탄을 기억하세요!)

5단계

이제 좀 더 큰 것을 소개해 주세요.

새로운 음식이 들어 있는 상자를 꺼냅니다. 이것은 강아지에게 아주 좋은 것이니, 품에 안고 계세요. 아기 새 접근법을 통한 의식으로 2분 동안 서로 교감하고 기쁨을 누릴 수 있는데 왜 2초 만에 음식을 넘겨주려 하시나요?

무엇이 더 가치 있을까요?

무엇이 보호자와 강아지를 가장 잘 연결해 줄 수 있을까요?

강아지가 음식을 먹고 나면 상자를 천천히 배낭으로 다시 집어넣고, 가방 다른 곳 어딘가에서 마치 마술을 부리듯이 뭔가를 꺼냅니다. 바로 개껌이죠.

개껌을 깨무는 강아지를 살살 쓰다듬어서, 강아지의 기분이 좋아지는 신경전달물질인 세로토닌, 도파민, 옥시토신이 분비되도록 합니다. 쓰다듬는 행위를 통해 여러분은 사랑을 더욱 돈독히 하고 양쪽 모두의 스트레스를 줄일 수 있습니다!

6단계

위의 과정을 다 마쳤다면 서두르지 말고 개껌을 다시 배낭에 넣은 다음, 긴 줄을 집어 들고 다시 차로 돌아갈 준비를 서서히 하세요. 왔던 길로 천천히 걸어서 차로 돌아갑니다. 이렇게 하면 새로운 냄새가 주의를 빼앗아 가는 것을 방지할 수 있습니다.

이번에는 되돌아가는 길에 강아지가 여러분을 올려다보면 '옳지!'라고 말하되, 반대편으로 간식을 던지지 말고 계속 걸으며 여러분의 다리 부근에서 간식을 주세요.

아까와 같은 곳을 지나고 있는 데다 15분간 서로 멋진 시간을 보냈기 때문에 강아지는 처음 도착했을 때처럼 급하게 주변 환경을 탐색할 필요가 없습니다. 여러분의 다리 부근에서 강화함으로써 루즈 리드 워킹까지 해결하게 되는 것입니다!

차에 돌아오면 강아지를 안전하게 자리에 태운 다음, 강아지와 평생의 관계를 더욱 돈독히 할 수 있는 좋은 경험을 했다는 생각과 함께 집으로 향하세요. 꽤 괜찮은 15분이었죠.

중요한 고려 사항

- 단 15분이면 됩니다.
- 휴대전화에서 손을 떼세요!
- 강아지의 '일상적인' 일일 산책 중에서 한 번을 배낭 산책으로 대체할 수도 있습니다. 일주일 후, 양쪽의 기분이 어떤지 확인해 보세요. (더욱 차분해지지 않았을까요!)
- 배낭 산책은 다른 반려견을 마주칠 일이 거의 없어서 좋습니다.
- 좁은 공간에 적합합니다.
- 예민한 강아지에게도 좋습니다.
- (위험한 모험을 일삼는) 아드레날린 중독 강아지를 진정시킬 수 있는 좋은 방법입니다.
- 스트레스가 많은 하루를 보낸 후 긴장을 풀기에 좋은 방법입니다.
- 즐기세요!

　　페루에서 저는 해가 질 때면 강아지들과 함께 앉아서 개들이 매일 자기 삶을 위해 뭔가를 선택하는 멋진 기회에 대해 생각하곤 했습니다. 그러던 중 한번은 커다란 암컷 마스티프 종 개 한 마리가 민들레 홀씨가 날아가는 모습을 5분 내내 가만히 앉아서 지켜보는 걸 바라보면서 그저 현재를 살고 있는 그 강아지가 얼마나 운이 좋은지 생각하기도 했습니다. 그러다가 저 역시도 그 개를 5분 내내 바라보고 있었다는 사실을 깨달았지요.

　　삶에서 이런 선택권을 갖는다는 것은 우리를 포함한 동물계의 모든 생명체에게 진정한 선물입니다.

배낭 산책은 여러분이 강아지에게 줄 수 있는 선물이자, 그에 대한 보답으로 여러분도 받을 수 있는 선물이 될 것입니다.

19
반려견 유치원, 그룹수업, 동물병원

'야호!' 인가요, 아니면 '으윽!' 인가요? 제가 어렸을 때 얼마나 강아지를 좋아했는지 기억하시겠죠. 제 안의 강아지밖에 모르는 바보는 그때와 다름없이 오늘도 열정적입니다. 하지만 반려견 훈련 수업의 좋은 점, 나쁜 점, 추한 점을 잘 알고 있기에 여러분이 미로를 헤쳐 나갈 수 있는 몇 가지 팁을 드리고자 합니다.

당시 강아지 수업에서 제가 바랐던 것은 지금 여러분과 여러분의 강아지에게 바라는 것과 다르지 않습니다. 훌륭한 강아지 수업과 훈련사는 많은 도움이 될 수 있습니다. 보호자와 강아지가 새로운 친구를 사귈 수 있고, 강아지의 모든 발달 단계에 걸쳐 '여러분의 손을 잡아 줄' 믿을 만한 전문가를 알게 되며, 여러분과 강아지가 평생토록 하게 될 훈련을 미세하게 조정해 볼 수 있습니다. 또한 강아지가 친구를 사귀는 환경이 통제되고 안전하기도 합니다. 궁극적으로 강아지는 개도 멋지고, 사람도 멋지고, 특히 여러분이 아주 멋지다는 걸 배우게 될 것입니다!

잘못된 강아지 수업은 매우 해롭습니다. 반려견 전문 훈련사라고 해도 그 사람이 훌륭한 훈련사일 것이라고 섣불리 판단하지 마세요. 스위니 토드(영국 빅토리아 시대 괴담의 주인공. 직업은 이발사지만, 면도하는 중에 손님의 목을 그어 죽인다고 전해짐)도 전문적인 이발사였다는 것을 생각해 보세요!

주위에 물어보고, 개인적으로 추천도 받아본 다음, 뭔가 마음에 들지 않는다면 강아지를 맡기지 마세요. 구매자의 의사가 중요한 시장이고, 훈련을 제대로 하는 것이 무엇보다 중요합니다. 훈련사를 처음 만날 때 질문 공세를 펼치는 것을 두려워하지 마세요! 저는 수업을 진행할 때 보호자들이 강아지에게 최상의 수준을 제공하길 바라는 것을 좋게 생각합니다. 모든 보호자가 처음부터 그런 포부를 가지고 훈련사들에게 높은 기준을 요구한다면, 반려견 훈련 서비스의 질은 향상될 수밖에 없을 것입니다.

반려견 수업에서 제공해야 하는 것은 다음과 같습니다.

- 경험이 풍부하고 친절하며 자격을 갖춘 훈련사. 영국의 현대 반려견 훈련사 협회Institute of Modern Dog Trainers와 같은 공인 기관에서 자격을 취득했는지 확인하세요. 저희 단체는 훈련사의 실력을 보장할 수 있도록 엄격한 평가 과정을 거칩니다.
- 모든 수업을 분산해서 진행하고, 필요한 경우 더 많은 공간을 확보할 수 있을 만큼 충분한 공간이 제공되어야 합니다. 훈련사 한 명당 6~8마리 이하로 진행해야 합니다.
- 여러분의 강아지에 대해 궁금한 것을 물어볼 기회가 많은 곳이어야 합니다.
- 필요한 경우 수업 시간 외에도 훈련사에게 연락할 수 있는 곳을 추천합니다.
- 건설적이면서 압박을 가하지 않는 훈련을 하는 곳으로 알아보세요. 훈련사는 각 훈련과 기술의 이점을 알려 주어야 합니다. 훈련이 주는 이점을 여러분이 알지 못한다면 훈련에 충실하기 어려울 것입니다!
- 가혹하거나 벌을 내리거나 혐오감을 불러일으키는 방법을 전혀 쓰지 않아야 합니다.
- 바람직하지 않은 행동 대신에 강화할 수 있는 대안적인 행동을 알려 주어야 합니다.
- 재미가 우선입니다! 강아지와 함께 수업에 참여하는 것이 기다려지지 않는다면 다른 수업을 찾아보세요. 신경과학에 따르면 여러분과 강아지 모두가 재미있을 때 더 잘 배울 수 있습니다.

🐾 동물 학대적이지 않고 편안한 장비만을 사용해야 합니다. 초크 체인(올가미식 목줄), 슬립 리드(강아지 목에 직접 연결되는 리드줄), 핀치 칼라(목줄 안쪽에 뾰족한 금속의 갈고리 모양 돌기가 달린 훈련용 목줄)를 절대 사용하지 않는 곳이어야 합니다.

🐾 보호자와 강아지가 매주 새로운 것을 배울 수 있도록 학습을 제공해야 합니다.

저는 부정적인 측면에 얽매이는 사람은 아니지만, 이따금 이상한 반려견 훈련사들도 있습니다. (물론 우리 협회는 그렇지 않습니다!)

이들은 목요일 저녁 7시에서 8시 사이에 자신이 마을 회관의 왕이나 여왕쯤 된다는 생각에 사로잡혀서, 늑대 그림이 그려진 양털 유니폼을 입고 그에 어울리는 야구모자를 쓴 가짜 선임 하사관 노릇을 하는 사람일 수 있습니다.

어렸을 때 저는 어떤 훈련사가 수업에서 한 보호자에게 이렇게 말하는 것을 들은 적이 있습니다. "보호자 본인도 자기 말을 안 듣는데, 우리가 어떻게 강아지한테 말을 들으라고 하겠어요?"

이런 말을 하다니! 저는 그때 어렸지만, 이런 말이 수업에서 보호자들과 강아지들에게 최선을 다하도록 동기부여를 하거나 힘을 실어 주지는 못한다는 것을 알고 있었습니다. 그것이 그들이 가르치는 방법의 한계라면, 강아지에게는 무슨 희망이 있을까요? 그날 저녁 저는 결심했습니다. 커서 반려견 훈련사가 되기로요.

일반적인 반려견 수업 외에도, '반려견 파티'를 한다는 광고를 보신 적이 있을 겁니다. 보통 동물병원에서 주최하는 반려견 파티는 아직 예방접종을 다 마치지 않은 강아지를 대상으로 합니다. 반려견 파티 역시 훌륭할 수도, 끔찍할 수도 있습니다.

반려견 파티에 갔는데 동물병원 간호사가 강아지 귀를 청소하는 방법과 이 닦는 방법에 관해 설명해 주는 동안 모든 강아지가 리드줄을 하지 않은 채로 서로 부딪치면서 마구 뛰어다니는 경험을 하게 해서는 안 됩니다. 여섯 마리의 강아지 중 세 마리는 즐겁게 지낼 수도 있겠지만, 그중 두 마리는 다른 개들은 무섭다는 것을 배우고 의자 밑으로 숨을 수도 있고, 나머지 한 마리는 강아지들을 물러서게 하는 유일한 방법은 무는 것이라고 배우게 될지도 모릅니다. 리드줄을 다 함께 풀고 있는 것은 그럴만한 가치가 없습니다.

하지만 리드줄 없이 하는 상호작용이라도 제대로만 진행된다면, 재미있고 유익할 수 있습니다. 무질서하게 그냥 두는 것이 아니라, 잘 맞는 한 쌍의 강아지가 동시에 리드줄에서 풀려난 것처럼 보이는 것이 좋습니다. 두 마리의 강아지가 상호작용하는 동안 훈련사는 관찰 가능한 보디랭귀지에 대해서 모두에게 코멘트를 할 수 있어야 합니다. (그러면 이제 여러분은 보디랭귀지 챕터를 읽은 전문가가 되는 것입니다! #마지막에시험봅니다!)

훈련사는 또한 강아지들끼리 상호작용할 때 이들이 흥분의 도가니로 빠지지 않도록 보호자들이 정기적으로 개입할 수 있게 지도해야 합니다. 놀이는 친근한 느낌을 유지해야 하며, 모두에게 긍정적인 추억을 만들 수 있는 기회가 되어야 합니다.

묘책을 드리겠습니다. 강아지에게 맞서는 훈련사 말고, 강아지와 함께하는 훈련사를 찾으세요. 여러분이 기꺼이 배우고 싶어 할 만한 방식으로 강아지를 가르칠 수 있도록 분위기를 조성하는 반려견 유치원을 찾아보세요.

그럼 이만, 행운을 빕니다.

자, 이제는 서로 갈 길을 갈 때가 왔습니다. 여러분은 반려견과 아주 즐거운 시간을 보내면서 서로 평생 기억에 남을 만한 추억을 만들 수 있을 겁니다. 아주 신나는 시간이죠. 솔직히 조금 부럽기도 합니다! 강아지를 잘 돌봐 주시되 '나쁜' 훈련 세션이란 없다는 걸 기억하세요. 다음 훈련 세션을 어떻게 계획하고 실행할지에 대한 정보를 얻었다고 생각하세요. 그리고 그 훈련이 성공할 수 있도록 준비하세요. 달성 가능한 기준을 목표로 삼고, 강아지가 더 했으면 하는 행동을 찾는 것에 일상을 할애하고, 지금의 여러분처럼 반려견 훈련 무사에 빙의해서 그 행동을 강화하세요!

강아지 훈련은 한 번으로 끝나는 이벤트가 아니라, 과정입니다. 행복한 강아지로 키우시면서 여정을 즐겨 보시길 바랍니다.

행운을 빌어요.

스티브 만

감사의 말

…아이고 안녕하세요!

아직까지 저를 기다려 주신 건가요?

감사 인사 같은 건 아무도 읽지 않는 줄 알았는데, 다른 사람들이 휴대전화를 켜고 무릎에 떨어진 팝콘을 털어내는 동안 앉아서 크레딧을 보고 계셨군요.

먼저 독자 여러분께 감사의 인사를 드립니다. 시간을 내서 제 책을 읽어 주신 것에 감사드리며, 즐겁게 읽으셨기를 바랍니다.

강아지를 향한 저의 열정에 끊임없이 불을 지펴 주며, '안정된' 직업을 갖자고 한 번도 요구한 적 없는 저의 아내 지나에게 큰 감사를 전합니다. 동물을 향한 공감 능력이 누구에게도 뒤처지지 않는 아들 루크, 정말 자랑스럽구나.

아직도 계신 거예요? 알겠습니다….

전 세계의 반려견 훈련사와 행동주의자들을 위한 교육과 지원 프로그램을 개발하는 IMDT팀 여러분, 여러분의 노력은 경이롭습니다. IMDT 기계의 황금 톱니바퀴 같은 앨리슨 마틴을 특별히 언급해야겠습니다.

로레인 쇼에서 저를 보고 이메일을 보내서 책을 쓰자고 제안해 주신 마틴 로치님, 모든 불만 사항은 저 대신 받아 주세요! 글 쓰는 내내 저의 손을 잡아 준 마틴, 고마워요. 음악과 패션, 헤어스타일 취향이 같은 사람과 함께 일하게 되어 영광이었습니다.

어렸을 때 저는 반려견 훈련 책을 처음부터 끝까지 엄청나게 읽어 보면서 제가 실제로 책을 쓴다면 얼마나 멋질지 상상하곤 했습니다! 솔직히 말씀드리자면 정말 멋지네요!

저희 가족에 대해 잘 모르시겠지만, 그래도 여전히 읽고 계시다면···.

어머니, 아버지, 제가 좋아하는 일을 많이 할 수 있도록 가르쳐 주셔서 감사합니다. 여전히 잘 헤쳐 나가고 있습니다. 만세! 앤서니와 마리아, 함께 자랄 때 너무 좋은 형제와 남매가 되어 줘서 고마워. 덕분에 내가 슬그머니 강아지와 놀러 갈 만큼 충분한 여유가 생겼던 것 같아!

마지막으로···.

저와 과거, 현재, 미래에 만났던 모든 개에게 감사합니다. 그 아이들을 만나지 못했다면 결코 이 책을 쓸 수 없었을 겁니다. 저의 스태프 파블로 없이는 6개월 이상이 더 걸렸을 겁니다!

반려동물 행동지도사의 가장 윤리적인 훈련 바이블
반려견 긍정교육 특강

발행일 | 2024년 05월 28일
펴낸곳 | 동글디자인
발행인 | 현호영
지은이 | 스티브 만, 마틴 로치
옮긴이 | 이희경
편 집 | 김보나
디자인 | 김혜진
주 소 | 서울특별시 마포구 백범로 35, 서강대학교 곤자가홀 1층
팩 스 | 070.8224.4322

ISBN 979-11-91925-20-3 (13520)

EASY PEASY PUPPY SQUEEZY
by Steve Mann

Text copyright © Steve Mann & Martin Roach, 2019
All Photographs © Dan Rouse

Originally published in the English language in the UK by Blink, an imprint of Bonnier Books UK Limited.

'The moral rights of the Author have been asserted'

저작권법에 의하여 한국 내에서 보호를 받는
저작물이므로 무단전재 및 복제를 금합니다.

잘못 제작된 책은 구입하신 서점에서 바꿔 드립니다.

좋은 아이디어와 제안이 있으시면 출판을 통해 가치를 나누시길 바랍니다.
투고 및 제안 : dongledesign@gmail.com